서명분석
노하우

서명 분석 노하우

© 홍진석, 2025

1판 1쇄 인쇄_2025년 6월 05일
1판 1쇄 발행_2025년 6월 10일

지은이_홍진석
펴낸이_홍정표

펴낸곳_글로벌콘텐츠
　　　　등록_제25100-2008-000024호

공급처_(주)글로벌콘텐츠출판그룹
　　　　대표_홍정표 **이사**_김미미 **편집**_백찬미 강민욱 남혜인 홍명지 권군오
　　　　디자인_가보경 **기획·마케팅**_이종훈 홍민지
　　　　주소_서울특별시 강동구 풍성로 87-6 **전화**_02-488-3280 **팩스**_02-488-3281
　　　　홈페이지_www.gcbook.co.kr **메일**_edit@gcbook.co.kr

값 29,000원
ISBN 979-11-5852-534-7 03180

서명 분석 노하우

홍진석 지음

글로벌콘텐츠

서명과 손 글씨로
수백 명의 성향과 장단점을
순식간에 파악할 수 있는
노하우를 이 책에 담았다.

::: 추천사 :::

서명은 단순히 자신의 정체성 표현을 넘어 한 사람의 내면을 드러내는 거울이다. 서명과 필적만으로 간단하게 성격유형을 진단하고 인간관계까지도 발견할 수 있다니 놀라운 일이다. 서명에 관심 있는 모든 이에게 이 책을 강력히 추천한다.

－가재산 회장(25년간 전 삼성물산 회장 비서실 근무, 현재 디지털책쓰기코칭협회 회장)

서명은 인간의 독창성과 창의성을 가장 잘 보여주는 예 중 하나입니다. 이 책은 필적의 과학적 분석부터 예술적 가치까지 다양한 관점을 아우르며, 독자들에게 서명을 통해 자신을 표현하는 새로운 방법을 제시합니다. 필적에 대한 깊은 이해를 원하는 분들에게 꼭 읽어보길 권합니다.

－유방현 박사(동양문화대학원대학교 석좌교수)

이 페이지에 자신의 서명을 써보세요!
잘 쓰려고 하지 말고 평소 쓰던 글씨체로 쓰세요.

나의 서명

My Signature

이 책의 내용을 이해하면,
자신만의 서명 분석이 가능해집니다.

머리말

　서명 분석에 관한 이 책은 글씨가 단순한 문자 배열이 아니라, 사람의 감정과 성격을 비추는 거울이라는 인식에서 출발한다. 우리의 글씨, 특히 서명은 개인의 독특한 정체성을 드러내며, 각기 다른 삶의 경험과 심리적 상태를 고스란히 담고 있다. 서명이 역사적으로 어떻게 법적 효력을 가졌고 또 사람들의 신뢰를 구축해 왔는지를 살펴보면, 필적학의 중요한 의미와 가치를 더욱 깊이 이해할 수 있다.

　서명이 현재 우리가 살아가는 사회에서 어떤 역할을 하는지를 살펴보기 위해, 이 책은 필적의 기초적인 이해부터 시작해 심리 분석과 실생활에서의 활용까지 다양한 측면에서 다룰 것이다. 좋은 필체는 인간관계와 직업적 성취를 향상시킬 수 있는 중요한 요소로 작용하기도 한다. 이는 필체가 단순한 경향성을 넘어 사람의 생각과 정서를 전달하고, 때로는 오해의 소지를 줄이는 매개체로 기능할 수 있음을 보여준다.

　또한 서명은 정치 외교, 법조인, 심리학자, 그리고 기업가와 같은 다양한 전문가에게 중요한 도구가 되어왔다. 이들은 서명 필적학을 통해 사람을 이해하고, 판단하는 데 도움받을 수 있다. 이 책은 이러한 전문가들의 사례와 연구 결과를 바탕으로, 필적학이 어떻게 실질적인 도움을 줄 수 있는지를 구체적으로 제시할 것이다.

서명 필적의 발전사는 과거의 역사적 사건들과 긴밀하게 연결되어 있다. 인쇄술의 발달, 교육의 보편화와 같은 사회적 변화가 서명의 형태와 표현 방식에 미친 영향을 살펴보는 것은 서명 필적학의 중요한 포인트다. 각 시대의 서명이 어떻게 변화해 왔는지 그리고 그 변화가 사회문화적으로 어떤 맥락을 지니는지를 분석함으로써, 우리는 현재의 서명 필적학이 갖는 위치를 이해하게 될 것이다.

이 책이 지향하는 바는 독자 여러분이 서명에 관한 깊은 통찰을 얻고, 글씨를 통해 자신과 타인을 이해하는 데 도움받는 것이다. 서명은 개인의 고유한 이미지를 나타내는 동시에, 사회적 상징의 역할도 수행하고 있다. 이 과정을 통해 독자들은 단순히 필체를 분석하는 데서 그치지 않고, 자신의 서명에 담긴 의미를 탐구하며 의사소통의 비밀을 파헤치는 여정을 함께할 수 있을 것이다.

마지막으로, 이 책이 독자 여러분에게 새로운 시각을 제공해 서명 필적학이라는 분야가 지니는 매력을 발견하고, 나아가 자신을 더욱 깊이 이해하는 계기가 되기를 진심으로 바란다.

서명 필적학을 배우면 얻게 되는 지식은 매우 다양하고 깊이가 있다. 단순히 서명을 분석하는 수준을 넘어서, 개인의 내면세계와 성격을 파악할 수 있는 유용한 도구가 된다. 이는 뇌의 활동과 밀접하게 연결되어 있으므로 가능하며, 서명은 결국 그 사람이 가진 심리적 특성과 경험을 드러내는 과정이다.

우선, 이 책을 통해 얻는 가장 기본적인 지식은 서명의 구성 요소에 대한 이해다. 개별 서명의 형태, 크기, 기울기, 펜 압 등 다양한 요소가 개인의 성격을 어떻게 반영하는지를 배우게 된다. 예를 들어, 펜 압이 강한 글씨는 강한 내면의 자신감을 나타내지만, 가는 글씨는 섬세함이나 소심함을 드러낼 수 있다. 각기 다른 글씨체가 개인의 사고방식이나 대인관계의 스타일을 얼마나 다양하게 표현하는지를 탐구하면서 사람의 성향을 더 깊이 이해하게 되는 것이다.

또한 서명 필적은 역사적, 문화적 맥락에서도 매우 흥미로운 연구 주제를 제공한다. 연구자들은 필적이 단순한 개인적 표현을 뛰어넘어, 특정 역사적 사건이나 사회적 변화와 어떻게 연결되는지를 분석한다. 예를 들어, 역사적 유명인들의 서명을 분석하면 그들의 교육적 배경이나 당시의 정치적 환경, 사회적 동기 등을 이해하는 데 기여할 수 있다. 이 과정에서 고전 문서의 진위 여부를 판별하거나, 필적의 사회적 의미를 해석하는 데 중요한 역할을 하게 된다.

서명 필적을 이해하면

• 상대나 연인이 어떤 사람인지 바로 알 수 있다.

• 인재 채용 시 적합한 사람인지 알 수 있다.

• 비즈니스에서 파트너와 적합성 여부를 알 수 있다.

• 자신의 사업 성공 여부를 알 수 있다.

• 재물을 모을 수 있는지 알 수 있다.

• 공부를 잘하는지 알 수 있다.

• 인내심과 창의력이 있는지 알 수 있다.

• 모범적인 서명을 만들어 인생을 바꿀 수 있다.

목차

PART II

PART III

PART I

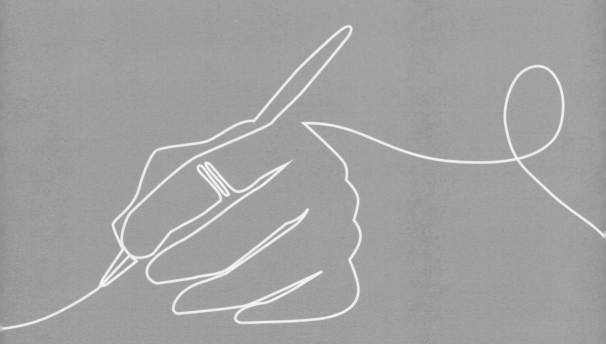

제1장

이 책을 읽으면
도움이 되는 분야

1

정치 외교 분야

정치 외교 분야의 전문가들이 서명 필적학을 배우면 도움이 되는 이유는 다양하고 구체적이다. 이러한 기술은 단순히 서명과 글씨체를 분석하는 데 그치지 않고, 개인의 심리적 특성과 대인관계의 역동성을 이해하는 데 중요한 역할을 한다.

첫째, 서명은 상대방의 성격과 심리적 특성을 파악하는 데 유용하다. 정치 외교에서 협상이나 대화는 매우 중요한 과정이며, 상대방의 의도를 이해하는 것이 성공적인 대화를 이끌어내는 핵심 요인 중 하나다. 서명의 크기, 기울기, 펜 압과 글자가 연결되는 방식을 분석함으로써 상대방이 지닌 자신감, 불안감, 정서적 안정성 등을 평가할 수 있다. 예를 들어, 크고 둥근 글씨는 개방적이고 사교적인 성향을 반영할 수 있는 반면, 작은 글씨는 신중함이나 내성적 성향을 나타낼 수 있다. 이러한 분석은 외교관이나 정치인이 대화와 협상에서 좀 더 전략적인 접근을 가능하게 한다.

둘째, 서명 필적학은 역사적 사건과 인물의 진위를 검증하는 데 도움을 준다. 정치 외교에서 이러한 검증 작업은 매우 중요하며, 서명이 담긴 문서의 진위를 확인함으로써 역사적 사실관계를 명확히 이해할 수 있다. 정치적, 외교적 맥락에서 그들의 행동이나 결정이 왜 중요한지 이해하게 된다. 이러한 서명 필적은 과거의 문서에 대한 신뢰성을 높이고, 역사적 사실을 바탕으로 현재의 외교적 입장을 세우는 데 기여한다.

셋째, 서명 필적학은 신뢰성을 극대화하는 데 도움이 된다. 정치 외교 분야에서는 관계 형성과 유지가 핵심인데, 서명을 통해 상대방의 신뢰도와 기질을 파악할 수 있다. 특정 정책이나 합의에 서명할 때 서명을 분석하여 해당 인물의 의도를 예측함으로써, 불필요한 갈등을 예방할 수도 있다. 신뢰할 수 있는 뒷받침 자료로서, 정치적 결정을 내리거나 외교적 협상을 더욱 원활하게 진행하는 데 필요한 통찰력을 제공한다.

넷째, 서명 필적학은 개인적 마인드셋 변화를 이끌어낼 수 있는 도구로도 활용될 수 있다. 우선 자신의 글씨체를 의도적으로 변화시킬 수 있으며, 이는 긍정적인 심리적 영향을 끼칠 수 있다. 예를 들어, 자신감을 높이기 위해 더욱 강한 필체로 연습하는 것은 개인의 자존감과 결단력을 증진하는 방법이 될 수 있고, 이는 정치적 결정이나 외교 활동의 질을 높이는 데 기여할 수 있다.

마지막으로, 필적이 관계 수립과 개선을 위한 중요한 요소로 자리 잡고 있다. 외교관이 국제회의나 외교적 만남에서 다른 나라 대표들과 처음 만날 때, 서명을 통해 서로의 성격이나 신뢰성을 검토하는 것은 관계 구축에 큰 도움이 된다. 또한, 서명을 분석함으로써 공통점이나 상호 이해도를 높일 기회를 찾을 수 있으며, 이는 차후의 협상에서 협력의 가능성을 넓히는 데 기여하게 될 것이다.

2

법조 분야

    서명 필적학은 법조 분야에서 여러 면으로 매우 중요한 역할을 하며, 법률 전문가들에게 유용한 도구가 될 수 있다. 아래는 법학을 다루는 사람들이 서명 필적학을 배우면 도움이 되는 구체적인 내용들이다.

    첫째, 문서의 진위 확인에서 서명 필적학의 활용은 필수적이다. 법적 문서가 유효성이나 효력을 갖기 위해서는 서명이 진실해야 한다. 필적을 통해 서명의 특징을 분석함으로써, 변호사와 법률 전문가들은 서명이 원본인지, 위조인지 혹은 변조된 것인지를 판단할 수 있다. 다양한 필적학적 요소인 글씨의 크기, 기울기, 필 압, 글자의 간격 등을 통해 전문가들은 문서의 신뢰성을 높이고 법적 서류의 진위를 검증할 수 있다. 예를 들어 계약서, 유언장, 법원 제출 서류 등에서 이러한 검증 작업은 매우 중요하다.

    둘째, 심리적 요소 분석도 법학적 관점에서 필적학이 유용하게 작용하는 분야다. 서명과 필적은 개인의 성격과 심리적 특성을 반영한다. 법률 전문가들은 고객이나 상대방의 서명을 분석함으로써 그들의 신뢰성, 책임감, 결단력 등을 파악할 수 있다. 예를 들어 사람들이 계약서에 서명할 때의 심리적 상태나 성향을 이해함으로써, 변호사들은 더 나은 법률 상담이나 협상 전략을 수

립할 수 있다. 이러한 과정은 클라이언트와의 관계를 개선하고 신뢰를 구축하는 데 결정적인 역할을 한다.

셋째, 법정에서 증거의 기능도 중요하다. 법정에서 서명된 문서는 중요한 증거로 사용되며, 필적학은 이러한 서명이 참조를 위한 증명을 제공하는 데 유용하다. 실제로 법정에서는 서명 검증 전문가들이 서명과 필적의 진위를 분석하고, 그 결과를 증거로 제출하는 경우가 많다. 이러한 분석은 특히 형사 사건이나 분쟁 해결에서 중요한 역할을 하며, 서명이 진짜인지 위조인지를 판단할 때 결정적인 영향을 미칠 수 있다. 법정에서 신뢰성과 정확성을 제공함으로써 필적학은 법적 절차의 공정성을 제고한다.

넷째, 법률 교육과 훈련에서도 필적학의 응용 가능성이 높다. 법학을 공부하는 학생들에게 필적 지식은 실무적인 법률 사고를 훈련하는 데 필요하다. 학생들은 서명 분석을 통해 법적 문서 작성이나 검토에 있어 주의를 기울이고, 서명이 지닌 법적 의미와 그 중요성을 인식하게 된다. 필적학을 이해함으로써 학생들은 법적 문서의 작성과 해석에 있어 더욱 신중해지고, 문제 해결 능력을 키울 수 있다.

다섯째, 법조인과 클라이언트 간의 신뢰 구축에서도 필적학은 중요한 역할을 한다. 변호사는 필적학적 지식을 통해 클라이언트와의 소통에서 그들의 심리를 더욱 효과적으로 이해하고, 관계를 강화할 수 있다. 변호사가 클라이언트의 서명을 분석하고 그들의 심리적 상태를 고려한다면, 법적 조언이나 상담이 더욱 개인화되고 효과적일 수 있다. 이로 인해 법률 서비스의 질이 높아지고 고객의 만족도를 증대시킬 수 있다.

마지막으로, 법적 분쟁의 협상력 향상 측면에서도 필적학이 도움이 된다. 예를 들어, 서로 다른 당사자들이 협상을 진행할 때 상대방의 서명과 필적을 분석하여 그들의 태도나 심리적 준비 상태를 이해하는 데 활용할 수 있다. 이를 통해 변호사들은 전략적으로 접근하여 협상 테이블에서 우위를 확보할 수 있으며, 이는 법적 결정을 내리는 데 있어 절대적으로 중요한 요소가 될 수 있다.

서명 필적은 법학 분야에서 법적 문서의 신뢰성을 확보하고, 개인의 심리적 특성을 이해하며, 법정에서 증거로 활용되는 중요한 학문이다. 이러한 지식은 법률 전문가들에게 실질적인 도움을 주며, 그들이 맡은 사안에서 더욱 효과적인 결과를 끌어낼 수 있도록 지원한다. 따라서 법학을 다루는 사람들은 필적학의 기본 원리를 습득하고 이를 법적 실무에 적극 활용하는 것이 필요하다.

3

심리 상담 분야

서명 필적학은 심리학 분야에서 여러 중요한 역할을 하며, 인간의 심리적 상태와 성격을 이해하는 데 유용한 도구로 자리 잡고 있다. 이 분야가 심리학자들에게 어떻게 도움이 되는지를 자세히 살펴보겠다.

첫째, 필적학은 글씨체 분석을 통해 개인의 심리적 특성과 성격을 연구하는 학문이다. 각 개인의 서명과 필체는 고유한 특성을 보이고 있으며, 이는 마치 지문과 같은 역할을 한다. 이러한 글씨체의 차이는 그 사람의 내면세계를 반영하고 심리적 특성을 드러내기 때문에 필적학적 분석으로 각 개인이 가지는 무의식적인 행동 양식과 성향을 파악할 수 있다. 연구에 따르면, 명확한 글씨체는 그 사람이 확고한 목표를 가지고 있으며 책임감과 자부심이 높지만, 손글씨가 읽기 어렵거나 복잡하다면 불안정하고 혼란스러운 심리 상태를 나타낼 수 있다.

둘째, 필적학을 통해 분석할 수 있는 여러 요소 중에서 서명의 읽기 쉬운 정도는 매우 중요한 지표로 여겨진다. 예를 들어 서명이 명확할 경우, 이는 개인의 정체성뿐만 아니라 사회적 책임과 목표 의식을 나타낸다. 서명을 분석할 때 속도 역시 주목할 만한 요소다. 일반적으로 서명을 빠르게 하는 사람들은 인내심이 부족하고 즉각적인 결정을 선호하는 경향이 있으며, 반대로 서명을 천천히 작성하는 사람들은 깊이 있는 사고를 하는 경향이 있다. 이러한 정보는 심리학자들이 내담자의 성격 유형을 파악하고 상담에 적용하는 데 크게 기여할 수 있다.

셋째, 필적학의 응용 분야 또한 매우 다양하다. 심리학자들은 필적 분석을 통해 환자의 심리적 프로필을 개발하는 데 도움받을 수 있다. 특정 패턴이나 특징을 통해 심리적 문제를 조기에 발견할 수 있으며, 이러한 접근은 치료 과정에서 긍정적인 영향을 미친다. 예를 들어, 특정 필체나 서명이 주는 정보는 치료사의 개입이나 상담 방향에 실질적인 도움을 줄 수 있다.

넷째, 의학적 관점에서도 필적학이 활용될 수 있다. 서명의 변화나 필체의 변형은 신경학적 병리와 연결될 수 있으며, 예를 들어 알츠하이머병이나 치매 질환의 초기 경고 신호로 작용할 수 있다. 연구에 따르면, 필적학적 접근은 이러한 질환을 조기에 진단하여 치료의 기회를 높일 가능성을 가지고 있다.

다섯째, 필적학은 개인의 자기 인식과 성장 기능을 수행할 수 있다. 자신의 글씨체를 분석하고, 그 변화 과정을 통해 개인이 인내심과 긍정성을 발전시키려고 노력할 수 있다. 예를 들어, 필적 개선을 위해 자신이 쓴 글씨를 지속해서 모니터링한다면 행동 변화에 대한 인식을 높이고, 실질적인 성장을 도모할 수 있다.

종합적으로, 서명 필적학은 심리학적 분석과 실용적 응용 가능성을 지닌 중요한 도구다. 이를 통해 개인의 성격을 심층적으로 이해하고 심리적 문제를 조기에 발견할 수 있다. 이는 상담과 치료의 효과성을 높이는 데 기여한다. 심리학자들은 필적학적 접근을 통합하여 더욱 정교하고 효과적인 서비스를 제공할 수 있을 것이다.

4

교육 분야

　서명 필적학은 교육 분야에서 다양한 방식으로 활용될 수 있으며, 이는 학생들의 학습과 성장을 지원하는 강력한 도구로 자리 잡을 수 있다. 다음은 교육자와 학생이 필적학을 통해 긍정적인 변화를 만드는 방법들을 구체적으로 설명한다.

　첫째, 서명 필적학은 학생의 성격과 정서적 상태를 분석하는 기초 자료를 제공한다. 학생들이 쓰는 글씨체, 펜 압, 글씨의 형태 등을 분석하여 그들의 행동 양식과 정서적 경향을 이해하는 데 도움이 된다. 예를 들어, 글씨가 흐트러져 있거나 불규칙적인 경우에는 학생이 현재 스트레스를 받거나 자신감이 결여되어 있음을 시사할 수 있다. 반대로, 정돈되고 일관된 필체는 그들이 안정적이고 자신감 있는 상태임을 나타낼 수 있다. 이러한 인사이트는 학생들에게 적절한 지원이나 상담을 제공하는 데에 매우 유용하다.

　둘째, 서명 필적은 개별 맞춤형 교육 전략 개발에 기여할 수 있다. 교육자는 필적 자료를 통해 학생들의 주의 집중 스타일이나 학습 방식을 파악할 수 있으며, 이를 바탕으로 커리큘럼을 조정하거나 수업 방식을 다양화하면서 각 학생에게 맞는 학습 환경을 제공할 수 있다. 예를 들어, 필체가 세심하고 정교한 학생은 구술시험보다는 글쓰기 과제를 선호할 수 있으므로 이들에게 글쓰기 연습에 중점을 두어 심화 학습을 유도할 수 있다.

셋째, 자기 인식과 개인 성장의 가능성을 열어준다. 필적 분석은 학생들에게 자신의 성격과 행동 패턴을 인식하도록 돕는다. 학생들은 자신이 쓴 글씨를 통해 심리적 특성을 파악하고 변화의 필요성을 느낄 수 있다. 이러한 자기 인식 과정은 특히 청소년기 학생들에게 중요하다. 필적 연습을 통해 자신을 개선하려는 노력은 자아 존중감을 높이고, 긍정적인 목표 설정에 기여할 수 있다. 예를 들어, 특정 필체를 채택하여 꾸준히 연습하는 과정은 인내심과 책임감을 배양하는 좋은 기회가 된다.

넷째, 서명 필적은 학습 장애가 있는 학생을 지원하는 도구로 활용될 수 있다. 난독증이나 집중력 장애와 같은 문제를 가진 학생들은 필적학적 접근을 통해 자신의 학습 스타일과 어려움을 이해하고, 필요한 지원을 받을 수 있다. 교육자가 필적 분석으로 학생의 특정 패턴을 발견하면, 이에 맞춘 개별적인 학습 전략을 개발하고 실효성 높은 지원을 제시할 수 있다.

다섯째, 서명은 조직의 문화와 가치관을 반영하는 자료로도 사용될 수 있다. 교육 기관이나 교실의 분위기를 파악하기 위해서는 학생들의 필적을 분석하고, 교육자들이 이를 통해 보다 건강한 학습 환경을 조성할 방법을 모색할 수 있다. 학생들이 자주 사용하는 단어나 필체의 변화를 통해 학교의 문화나 공동체가 겪고 있는 변화를 이해하고 이를 반영하여 더욱 긍정적인 학습 환경을 만들 수 있다.

여섯째, 서명은 정보 분석과 의사결정의 도구로 활용될 수 있다. 교육자는 필적 분석으로 학습자의 학습 패턴을 평가하고, 이 정보를 바탕으로 학습 경로를 설정하며 필요에 따라 조정을 시행할 수 있다. 또한, 교육 실적이나 시험 결과를 필적학적 관점에서 분석함으로써 보다 체계적이고 객관적인 학생 평가가 가능해진다.

필적학은 학생과 교육자 간의 상호작용을 강화하는 도구로 작용할 수 있다. 분석을 통해 교육자는 학생 개개인의 특성을 이해하고, 이를 바탕으로 더 나은 관계를 맺을 수 있다. 학생들은 자신이 존중받고 있다는 느낌을 얻고, 이는 자연스럽게 수업 참여와 학습 동기를 증가시킬 수 있다.

결론적으로, 서명 필적학은 학생들의 내면을 이해하는 강력한 도구로서 교육 분야에서 긍정적인 변화를 각성하는 데 기여할 수 있다. 이는 학생 맞춤형 교육을 가능하게 하고, 자기 인식과 성장의 기회를 마련하며 학습 환경 전반에 긍정적인 영향을 미치도록 도와줄 것이다. 이러한 요소들은 교사와 학생 모두에게 유익할 뿐만 아니라 교육의 질을 향상시키고 학생의 성장을 촉진하는 데 있어서 필적학적 접근이 매우 필요함을 의미한다.

5

리더십 분야

서명 필적학은 리더가 자신의 특성과 팀의 상호작용을 이해하고 개선하는 데 아주 유용한 도구다. 서명과 글씨체가 개인의 성격, 정서, 행동 특성과 밀접한 관계가 있다는 이론에 기반하고 있다. 이는 리더가 자신의 필체를 통해 팀원들과 어떻게 소통하고, 신뢰를 구축하며, 효과적인 리더십을 발휘할 수 있는지를 이해하는 데 도움을 준다.

첫째, 리더십의 핵심 요소 중 하나는 신뢰의 형성이다. 리더의 글씨체는 자신의 성격을 반영하며, 이로 인해 팀원들이 느끼는 신뢰도에 영향을 미칠 수 있다. 예를 들어, 정돈되고 일관된 글씨체를 가진 리더는 신뢰할 수 있는 인물임을 암시하여 팀원들이 더 쉽게 리더의 지시를 따를 수 있도록 한다. 반대로 난잡하거나 불규칙한 글씨체는 불확실함이나 혼선을 초래할 수 있으며, 이는 팀원들과의 관계를 약화시킬 수 있다.

리더는 필적학을 활용하여 개인의 필체에서 발생할 수 있는 다양한 심리적 징후를 분석함으로써 팀원들의 감정 상태나 스트레스 수준을 이해할 수 있다. 이를 통해 리더는 상황에 따라 더 적절한 지원이나 피드백을 제공할 수 있으며, 팀의 분위기를 개선하고 문제를 사전에 예방하는 데 기여할 수 있다.

둘째, 소통 방식도 필적학에 의해 크게 영향을 받을 수 있다. 리더가 자신의 메시지를 어떻게 전달하는지를 분석하여 이를 개선하면, 더욱 효율적인 커뮤니케이션을 통해 팀원들과 긍정적인 관계를 형성할 수 있다. 필체 분석을 통해 리더는 팀원들이 어떤 방식의 소통을 선호하는지 이해하고, 그에 맞춘 소통 스타일을 발전시킬 수 있다. 이러한 맞춤형 소통 방식은 팀의 동기 부여와 결속력을 강화하는 데 도움이 된다.

셋째, 리더십에 있어 자기 인식 또한 필적학이 중요한 이유다. 리더가 자신의 필체를 진지하게 분석하고 이를 개선하는 과정은 내면의 성장과 발전으로 이어질 수 있다. 필적을 통해 자신의 심리적 경향이나 행동 패턴을 인식하고, 이를 토대로 개선하고자 하는 의식을 갖게 되면 더욱 효과적인 지도력을 발휘할 수 있다. 예를 들어 리더가 필체 개선을 위해 노력하면서 팀원들에게도 스스로 발전을 독려하면, 긍정적인 조직 문화를 조성하는 데 크게 이바지할 수 있다.

넷째, 리더는 상황에 따라 기민하게 대응하는 능력이 필요하다. 필적 분석을 통해 리더는 팀의 역동성을 보다 잘 이해할 수 있으며, 상황 변화에 맞는 전략을 조정할 수 있다. 리더가 팀의 분위기와 반응을 분석하여 어떻게 행동할지를 결정하는 것은 조직 전체의 성공에 기여할 수 있다. 예를 들어 특정 상황에서 요구되는 필체 변화는 팀원들에게 적절한 신호를 줄 수 있으며, 이는 리더의 의도를 효과적으로 전달하는 데 도움을 줄 수 있다.

또한 필적학은 조직 문화의 발전과도 연결된다. 리더가 자신의 필체를 향상시키고, 이를 바탕으로 팀 내에서의 소통을 개선한 결과는 자연스럽게 조직 전체에 긍정적인 영향을 미친다. 필적학적 접근을 통해 조직의 다양한 구성원이 서로의 개성을 이해하고 존중하는 문화가 형성된다면, 이는 조직의 목표 달성에 큰 도움이 될 수 있다.

결론적으로, 서명 필적학은 리더십 분야에서 리더가 자신의 성격과 행동을 이해하고, 팀과의 관계를 발전시키는 데 강력한 도구로 작용할 수 있다. 리더는 필적학을 통해 자기 계발을 촉진하고, 팀원들과의 신뢰를 높이며, 유연한 대응 전략을 구사함으로써 효과적인 리더로 성장할 기회를 얻게 된다. 이러한 요소들은 조직의 성공에 기여하고, 지속 가능한 발전을 이끌어내는 중요한 기초가 될 것이다.

6

인재 개발 분야

　인재 개발 분야에서 서명 필적을 배우는 것은 여러 가지 측면에서 매우 유용한 자산이 될 수 있다. 필적학은 개인의 필체를 분석하여 그 사람의 감정, 성격, 행동 패턴을 이해하는 학문으로, 이러한 이해는 인재 개발에 있어 중요한 역할을 한다.

　첫째, 개인화된 접근법의 강화다. 인재 개발 분야에서 일하는 사람들은 자신의 필적 분석을 통해 개인의 성격적 특성을 더 깊이 이해하게 된다. 필체에는 개인의 자아 인식과 자기표현 방식, 사회적 상호작용 스타일이 반영되어 있다. 예를 들어, 어떤 사람의 필체가 간결하고 정돈되어 있다면 이는 그 사람이 체계적이고 분명한 사고를 하는 경향이 있을 수 있음을 나타낸다. 이러한 정보는 개인의 학습 스타일과 개선할 수 있는 점을 찾아가는 데에 신뢰할 수 있는 기준이 된다.

　둘째, 감정 인식과 관리의 적합성이다. 필적학은 감정 상태나 스트레스 수준을 파악하는 데 유용하다. 예를 들어, 글씨체의 불규칙성이나 압력 변화는 개인의 감정적 불안정성을 나타낼 수 있다. 인재 개발자는 이를 바탕으로 학습자들이 경험하는 스트레스나 어려움을 이해하고, 보다 효과적으로 지원할 수 있는 방법으로 접근할 수 있다. 이는 개인의 정서적 웰빙을 촉진하고, 궁극적으로 성과 향상에 기여한다.

셋째, 팀워크와 협업 촉진을 지원한다. 팀원 간의 관계는 인재 개발의 핵심 요소 중 하나다. 필적을 분석함으로써 팀원들의 성향과 의사소통 스타일을 이해할 수 있으며, 이는 효과적인 팀워크를 구축하는 데 중요한 역할을 한다. 예를 들어 필체가 부드럽거나 독창적인 스타일의 개개인은 창의적인 아이디어를 제시할 가능성이 높지만, 그와 반대로 체계적이고 강한 필체를 가진 사람은 논리적이고 구조화된 접근을 선호할 수 있다. 이러한 인식을 바탕으로 팀의 역동성을 이해하고, 팀원 간의 원활한 소통과 협력을 이끌어낼 수 있다.

넷째, 리더십 기술 개발 강화다. 인재 개발 전문가는 필적학으로 자신의 통솔력 스타일과 주위에 미치는 영향을 분석할 수 있다. 리더십에 필요한 신뢰성이나 권위는 필체의 스타일에서도 드러나는 경우가 많다. 필체가 자신감이 있고 단호하게 보인다면, 이는 리더가 팀원들에게 긍정적인 영향을 미칠 수 있음을 의미한다. 이러한 분석을 통해 리더는 자신의 서명과 필체를 바탕으로 신뢰할 수 있는 이미지를 구축하고, 팀원들의 동기 부여에도 기여할 수 있다.

다섯째, 지속적인 피드백 체계 구축에 이바지한다. 인재 개발 분야에서는 목표 설정과 성과 평가가 매우 중요하다. 필적 분석을 사용하면 학습자의 진전을 평가하는 새로운 지표를 제공할 수 있다. 예를 들어, 필체의 변화는 개인의 성장과 발전을 나타내는 중요한 요소로 작용할 수 있다. 전문가들은 지속적인 피드백을 통해 학습자의 필체에서 나타나는 긍정적인 변화나 개선점을 주목함으로써, 더욱 많은 동기를 유도할 수 있다. 이는 직무 성과를 더욱 객관적으로 측정하고, 인재 양성 과정을 더 효과적으로 운영하는 데 도움이 된다. 또한 다양한 교육 프로그램 설계에 적용될 수 있다. 필적학을 통해 학습자의 특성을 이해하고, 그에 맞춰 맞춤형 교육 프로그램을 설계함으로써 인재 개발의 효율성을 높일 수 있다. 예를 들어 특정 필체 특성을 가진 집단이 협력적 학습에 더 유리하다면, 그룹 프로젝트나 팀 기반 학습 기회를 확대하는 방향으로 프로그램을 조정할 수 있다. 이는 각 참여자의 장점을 극대화하고 다양한 배경을 가진 학습자들이 함께 성장할 수 있는 환경을 조성하는 데 이바지한다.

결론적으로, 인재 개발 분야에서 서명 필적을 배우는 것은 개인의 성장을 촉진하고, 팀워크와 리더십을 강화하는 데 실질적인 도움이 된다. 이를 통해 인재 개발 전문가는 효과적으로 학습자의 특성을 이해하고, 필요에 맞는 지원과 피드백을 제공하면서 보다 긍정적인 교육 환경을 조성할 수 있다. 이러한 요소들은 결국 조직의 성과 향상으로 이어질 뿐만 아니라, 개인과 팀 모두의 전반적인 발전을 이끌어낼 수 있게 된다.

영업 분야

서명 필적학은 영업 분야에서 상당한 활용 가능성을 지니고 있으며, 고객과의 관계 형성, 신뢰 구축, 효과적인 판매 기술 개발 등 여러 방면에서 도움이 된다.

첫째, 고객의 심리와 행동 이해의 중요성이다. 서명 필적학은 각 개인의 필체를 분석함으로써 성격적 특징과 감정 상태, 행동 기제를 파악할 수 있는 기회를 제공한다. 영업사원이 고객의 서명을 분석하면서 주의 집중 스타일이나 기분, 의사결정 패턴을 예측할 수 있다. 예를 들어 글씨체가 불규칙적이고 동적이라면, 고객이 감정적으로 흥미로운 변화를 선호하는 성향임을 알 수 있다. 이러한 통찰은 영업자가 고객 접근 방식을 맞춤화하도록 돕는다.

둘째, 신뢰의 구축을 통한 관계 형성이다. 신뢰는 영업에서 중요한 요소로 작용한다. 서명 필적학을 활용하여 고객의 필적을 분석함으로써 고객의 성향을 이해하고 이에 기반한 맞춤형 대응이 가능해진다. 고객의 요구 사항에 적극 반응하는 스타일을 보여준다면, 자연스럽게 신뢰가 구축되어 장기적인 관계로 이어질 수 있다. 고객의 필체가 신뢰성 있는 스타일이라면, 이는 비즈니스 관계에서도 긍정적인 영향을 미칠 것이다.

셋째, 피드백과 자기 계발의 기회를 제공한다. 성과 향상을 위해 필적학으로 자신의 서명을 분석해 볼 수 있다. 필체가 산만하거나 비효율적으로 보일 경우, 이는 집중력 부족이나 시간 관리 문제를 나타낼 수 있다. 이 정보를 바탕으로 영업사원은 고객과의 커뮤니케이션 방법을 조정하고 더욱 효과적인 판매 전략을 개발할 수 있다.

넷째, 영업 전략의 차별화를 가능하게 한다. 경쟁이 치열한 영업 환경 속에서 서명 필적학을 활용해 특정 고객층의 필적 스타일에 맞춘 프로모션이나 제안서를 만드는 것은 차별화된 전략이 될 수 있다. 예를 들어 특정 필체의 고객에게 더 정중하고 포멀한 어조로 접근하거나, 유연하고 창의적인 표현을 사용하는 것은 고객의 응답을 더욱 긍정적으로 유도할 수 있다. 이는 결국 영업성과에 긍정적으로 작용하게 된다.

다섯째, 감정 관리와 스트레스 해소에도 이바지한다. 영업 활동은 종종 높은 스트레스를 수반하기 때문에, 필적 학습은 영업사원이 자신의 감정 상태를 인식하고 관리하는 데 도움을 줄 수 있다. 필체의 변화를 통해 자신의 피로 상태나 스트레스를 점검하고, 필요한 경우 휴식을 취하거나 방법을 바꿔 건강하게 스트레스를 해소하는 방안을 모색할 수 있다.

또한 업무 성과 분석과 지속적인 발전의 도구로 활용할 수 있다. 필적학을 통해 고객 피드백이나 매출 성과를 측정하는 새로운 기준을 제시할 수 있다. 영업사원은 고객의 필체 스타일 변화와 함께 성과를 비교 분석하여 그들의 선호와 행동 패턴을 파악하면 보다 성공적인 영업 전략을 구현할 수 있다.

결론적으로, 서명 필적학은 영업 분야에서 고객 이해 증진과 신뢰 구축, 자기 개선, 전략 차별화, 감정 관리, 성과 분석에 이르기까지 포괄적인 장점을 제공한다. 영업사원은 이러한 기법을 활용해 더 효과적이고 지속적인 고객 관계를 유지하고 성과를 극대화할 수 있다.

기업 CEO, 임원

　서명 필적학은 기업가에게 여러 가지 방식으로 도움이 되는 귀중한 도구다. 이는 고객과의 관계 구축, 팀 관리, 의사결정 프로세스 개선 등 다양한 분야에서 활용될 수 있다. 다음은 이들 각각의 영역에서 서명 필적학이 기업가에게 제공하는 이점들이다.

　첫째, 고객 심리 분석과 관계 구축이다. 기업가는 서명 필적학을 통해 고객의 필체를 분석하여 그들의 성격유형과 의사결정을 이해할 수 있다. 예를 들어 압력이 강하고 깔끔한 필체는 자신감과 결단력을 나타내며, 기울어진 필체는 외향적이고 사교적인 성향을 반영할 수 있다. 이는 고객 맞춤형 서비스를 제공하는 데 큰 도움이 된다. 고객의 심리를 사전에 파악함으로써 기업가는 더욱 개인화된 솔루션을 제안하고 고객의 기대를 충족시킬 수 있다. 이는 고객 충성도와 직결되며, 장기적인 비즈니스 관계를 이끌어낼 수 있다.

　둘째, 팀 구성원 이해와 효율적 관리다. 팀원들의 서명을 분석하면 각 구성원의 성격과 업무 스타일을 이해하는 데 유용하다. 서명에서 나타나는 성향에 따라 팀 내 역할을 분배하고, 더 효과적인 협업 방안을 찾아낼 수 있다. 예를 들어 세심하고 체계적인 필체를 가진 직원은 프로젝트 관리에 적합할 수 있으며, 창의적인 필체를 가진 구성원은 마케팅 분야에서 강점을 보일 수 있다. 이러한 인사이트를 통해 기업가는 팀의 성과를 극대화하고 업무량을 효율적으로 조절할 수 있다.

셋째, 신뢰 형성과 커뮤니케이션 개선이다. 필적 분석으로 상대방의 성격과 감정 상태를 이해할 수 있다면, 효과적인 의사전달 전략을 개발할 수 있다. 신뢰를 구축하는 것은 비즈니스 성공의 핵심 요소로, 필체 분석을 활용해 상대방의 성향에 맞춘 접근 방식을 선택하는 것이 가능하다. 예를 들어, 고정적이고 일관된 필체를 가진 파트너에게는 직설적이고 명확한 제안이 유효할 수 있으며, 감정적이고 변동성이 큰 고객에게는 부드럽고 공감하는 방식으로 접근해야 한다.

넷째, 자기 계발과 성과 향상의 동반관계다. 기업가가 자신의 서명을 분석하면 자신의 감정 상태와 업무 스타일을 점검하면서 필요한 개선점을 발견할 수 있다. 예를 들어, 서명에서 나타나는 불안정한 필체는 스트레스 관리의 필요성을 나타내며, 이를 해결하기 위한 전략 수립에 도움이 된다. 자기성찰을 하면서 강화해야 할 부분을 정하고, 문제를 사전에 방비함으로써 비즈니스 성과를 증진할 수 있다.

다섯째, 의사결정 지원이다. 기업가는 필적학적 요소를 활용하여 중요한 비즈니스에서 다양한 결정 사항을 지원할 수 있다. 예를 들어, 핵심적인 계약 체결이나 파트너 결정 시 상대방의 필체를 분석하여 신뢰성과 안정성을 평가할 수 있으며, 이는 더 나은 비즈니스 결정을 내리는 데 기여할 수 있다.

여섯째, 문서 보존과 관리의 효과성 향상이다. 서명 필적학의 적용은 기록 유지와 관리에 있어서도 긍정적인 영향을 미칠 수 있다. 필적을 통해 문서의 신뢰성과 진정성을 확인함으로써, 기업가는 중요한 문서의 가치를 더욱 확고히 할 수 있다. 이는 정보의 유용성을 극대화하고, 기록 관리 프로세스를 더욱 투명하게 만드는 데 이바지한다.

또한 비즈니스 이미지와 브랜딩 강화에 기여할 수 있다. 서명은 개인의 독특한 브랜드 이미지로 작용하기도 한다. 기업가가 서명에 기반한 전문성을 강조함으로써, 고객과의 교류 과정에서 신뢰와 권위를 강화할 수 있다. 이러한 접근은 동양보다 서양에서 더 적극적으로 브랜드의 가치를 높이고, 긍정적인 비즈니스 이미지를 발전시키는 데 활용한다.

종합적으로, 서명 필적학은 고객의 심리 이해와 팀 관리, 신뢰 형성, 자기계발, 의사결정 지원, 문서 관리를 통한 비즈니스 효율성 향상과 이미지 강화를 통한 경쟁력 증대 등 다양한 측면에서 기업가에게 큰 도움이 된다. 이를 통해 기업가는 더 나은 비즈니스 성과를 달성하고, 지속 가능한 성장을 끌어낼 수 있다.

제2장

서명 필적

1

서명 필적이란?

　서명이란 자신의 신뢰를 목적으로 하는 외적 표현이라고 정의한다. 서명 필적학(筆跡學, Graphology)은 개인의 글씨를 분석하여 그 사람의 성격, 심리 상태, 감정 등을 이해하는 학문이다. 이 학문은 손과 팔의 근육이 뇌의 신호에 따라 움직이며 생성되는 글씨체가 개인의 내적 세계를 반영한다고 가정한다.

　필적학의 기본 원리는 사람의 필체가 무의식적인 자기표현이며, 글씨를 분석함으로써 개인의 고유한 성격 특성에 대한 통찰을 얻을 수 있다는 것이다. 글씨체는 사람의 생각, 감정, 태도와 깊이 연결되어 있기에 그 사람에 관한 많은 정보를 유추할 수 있다. 예를 들어, 필적학의 전문가들은 글씨의 크기가 크고 뚜렷한 경우 자신감과 에너지를 나타내는 반면, 작고 불안정한 글씨는 내향적이거나 긴장된 상태를 반영할 수 있다고 설명한다. 필기 압력이 강한 글씨는 강한 의지를 나타내고, 부드럽고 흐느적거리는 글씨는 감정적으로 더 유연한 성격을 나타낸다고 판단할 수 있다.

　현재 필적학은 서구 유럽을 중심으로 발달하였으며, 심리학의 일종으로 인정받고 있다. 이론적으로 필적학은 인간의 심리적 상태와 행동 패턴을 이해하는 데 중요한 역할을 할 수 있으며, 특정 필기 방식이 개인의 성격을 구체적으로 반영한다고 주장한다. 이 학문은 개인의 특성을 평가하는 데 필요한 더 많은 신뢰성을 부여해 주며, 이를 통해 개인의 직업적 적합도와 인성, 대인 관계까지 이해할 수 있는 여지를 제공한다.

또한, 필적학은 그래포치료(Graphotherapy)와 같은 분야로 확장된다. 이는 특정 필기 습관을 변형하여 긍정적인 행동 변화와 인격 수양을 촉진하려는 시도를 포함하고 있다. 글쓰기의 방식이 개인의 성격과 생활에 영향을 미친다는 점에서, 필적학은 단순한 분석을 넘어서 심리적 변화를 위한 도구로 활용될 수 있다.

결론적으로, 서명 필적학은 개인의 글씨를 통해 심리적 특성을 탐구하고, 이를 다양한 방식으로 사회적 현상에 적용하는 중요한 학문 분야다. 현대 기업에서 인사 관리, 팀 빌딩, 고객 분석 등 다양한 활용 가능성을 갖추고 있으며, 앞으로도 더욱 발전할 것으로 기대된다.

서명은 개인이나 단체가 문서에 자신의 이름이나 고유한 기호를 적거나 인장을 찍어 해당 문서의 내용을 인식하고 동의함을 나타내는 행위로, 법적 효력과 개인의 의사를 전달하는 중요한 수단이다. 서명은 주로 계약서, 법적 문서, 공문서 등에서 사용되며 서명자는 특정한 내용을 수용하고 책임지겠다는 의사를 표시하게 된다.

서명은 크게 두 가지 형태로 나누어 볼 수 있다. 첫째는 전통적인 방식으로, 손으로 직접 서명하는 '기명 서명'이 있다. 이는 개인이 직접 자신의 이름을 적어 자신의 존재와 의사를 확인하는 방식이다. 둘째는 '전자 서명'으로, 디지털 형식으로 이루어지는 서명이며 컴퓨터나 모바일 기기를 통해 전자문서에 서명을 첨부하는 형태다. 전자 서명은 컴퓨터 소프트웨어나 온라인 플랫폼으로 이루어지며, 현대 사회의 비즈니스 거래에서 필수적인 요소로 자리 잡고 있다.

서명의 법적 효력은 국가마다 다르지만, 일반적으로 서명된 문서는 법적으로 효력을 가지며, 법원에서 증거로 활용될 수 있다. 예를 들어, 계약의 두 당사자가 서명한 계약서는 각 당사자가 약속한 내용을 이행해야 할 법적 책임이 있음을 나타낸다. 미국에서 2022년 12월 13일 조 바이든 대통령이 서명한 '결혼 존중법(Respect for Marriage Act)'이 대표적인 사례로, 이 법은 동성결혼의 법적 효력을 보장하면서 모든 주에서 인정받도록 하는 내용을 담고 있다. 이는 정부의 방해 없이 사람들에게 결혼의 권리를 보장한다는 목표를 가지고 있다.

서명의 중요성은 여기서 그치지 않는다. 서명을 통해 개인은 자신의 의견이나 취지에 대한 책임을 지게 되며, 이는 공적인 신뢰를 형성하는 데 기여한다. 또한, 사회적 합의와 행동을 요구하는 수많은 운동에서도 서명이 중요한 요소로 작용하고 있다. 예를 들어 한 시민단체에서 특정 법안의 개정을 촉구하는 서명 운동을 진행할 때, 참여자들은 해당 캠페인의 목적에 동의하고 지원한다는 메시지를 전달한다.

2022년 3월, 인디애나주에서 한 흑인 소년의 사망 사건이 '자살'로 잘못 판단되었던 것이 사실상 폭력에 의한 '린치'라는 새로운 사실이 밝혀진 사례 역시, 정의를 환기하고 과거의 잘못을 바로잡기 위한 서명 운동의 중요성을 보여준다. 시민단체와 지역 사회가 연대하여 진실을 밝혀내기 위해 노력했고, 이는 궁극적으로 제도적 변화로 이어질 가능성을 높였다.

결론적으로, 서명은 개인의 의사를 법적으로 표현하고 사회적 요청을 제기하는 중요한 도구다. 이는 법적 계약을 넘어 사회가 요구하는 정의롭고 공정한 체제의 구축에도 필수적인 요소로 작용하고 있으며, 다양한 맥락에서 그 중요성이 강화되고 있다.

Autograph는 연예인, 가수, 작가 등 유명인의 사인을 말한다. 우리말로 Signature는 서명에 가깝고, Autograph는 사인에 가깝다. 요즘엔 서명과 사인을 구분하지 않고 '서명' 또는 '사인'이라고 쓰는 것이 일반적이다.

표준어는 싸인이 아닌 사인, 싸인펜이 아니라 사인펜이 맞다. 하지만 대부분 발음하는 대로 사용한다. Sign은 동사이고 Signature는 명사다.

외국 유명인에게 서명을 부탁할 때 "Would you give me your sign?"이 아니라 "Would you give me your Autograph?"라고 질문해야 하고, 또는 "Please Autograph?"라고 간단하게 부탁할 수도 있다.

본 "서명 필적 칼리지" 산하 연구소를 강한 발음으로 "싸인 분석 연구소"로 채택했다. 사인이라는 단어가 죽음과 관련된 것으로 오해할 수 있어서다.

2

필적학의 역사

필적학의 역사는 인류의 글쓰기와 함께해 온 오랜 학문적 탐구로, 글씨체가 개인의 성격과 심리적 특성을 반영한다고 여겨지는 분야다. 이 분야는 시간이 지남에 따라 다양한 연구와 이론으로 발전해 왔다.

고대 문자(BC 2000~AD 500)

필적학의 기원은 고대 이집트까지 거슬러 올라간다. 고대 이집트의 상형문자는 이미 사람들의 성격적 특성을 반영하려는 시도가 있었고, 그 후 고대 그리스와 로마 시대에도 개인의 필체를 분석하는 노력이 있었다. 이 시기에는 필적을 통해 인간의 심리를 읽으려는 철학적 접근이 존재했다. 손금과 함께 손 글씨는 중국과 인도, 그리스 등지로 퍼져 나갔고, 아리스토텔레스와 같은 철학자들이 인간의 감정과 행동을 연구하면서 손 글씨와 성격 사이의 연관성을 탐구했다.

중세 유럽(5~15세기)

중세 유럽에서는 손 글씨가 주술적이고 신비로운 요소와 결합하여 귀족층 사이에서 인기를 끌었다. 이 시기에 필적학의 체계적인 연구는 부족했지만 손 글씨에 대한 사람들의 관심이 높아졌고, 이는 후속 연구에 필요한 기초를 제공했다. 고대 철학자들의 이론이 여전히 큰 영향을 미쳤던 시대다.

17세기

17세기에는 이탈리아의 의사 카밀로 발디(Camillo Baldus)가 필적 분석과 개인 심리적 상태 사이의 연관성을 체계적으로 연구했다. 이로 인해 필적학이 하나의 학문으로 자리 잡기 시작했다. 발디는 글씨체가 사람의 성격을 드러낸다고 주장하며 이를 연구하는 방법론을 특정 짓고, 필적학의 기초를 다졌다.

18~19세기-필적학의 발전(1800년대)

19세기 중반에는 필적학이 더욱 발전하여 프랑스의 장 히폴리토 미숑(Hippolyte Michon)이 '그래프ология'라는 용어를 만들었다. 그는 글씨체가 개인의 성격을 반영한다고 주장하며, 필적 분석 방법을 개발했다. 그의 연구는 이후 여러 나라에서 필적학이 연구되는 기초가 되었고, 이 시기에 형성된 법의학적 접근은 필적학의 중요한 축이 되었다.

20세기 초-필적학의 현대적 적용(1900년대)

1903년, 러시아의 이론가 일리야 필리포비치모르겐슈테른(Ilya Philono-vich Morgenthau)은 『Psychographology』라는 이름의 저서를 발표했다. 글씨체가 사람의 내면과 감정을 드러낸다고 주장하며 필적학의 이론적 기초를 더욱 확립했다. 이 시기에는 필적 분석을 범죄 수사와 법의학적 증거로 활용하려는 연구도 활발히 이루어졌다.

20세기 중반에서 후반

필적학은 점차 심리학과 통합적으로 접근하며 발전하였다. 심리학적 원리를 필적 분석에 접목하였고, 이론은 더욱 전문화와 세분화되었으며 개인의 성격을 잘 드러내는 특정한 필적 패턴에 관한 연구도 진행되었다.

21세기

최근에는 필적학이 신경 과학 및 컴퓨터 과학과 연계되어 더욱 발전하고 있다. 디지털화된 필적 분석 도구와 소프트웨어는 필적 공부에 큰 변화를 가져왔고, 데이터 기반의 분석이 가능해졌다. 특히 인공지능(AI) 기법이 필적 분석에 활용되면서 더욱 정교한 결과를 도출할 수 있게 되었다. 이 과정에서 개인의 심리적 프로필을 생성하거나 범죄 수사의 단서로서 필적학의 활용 가능성이 더욱 확장되었다.

필적학은 단순히 글씨체의 아름다움이나 독특함을 넘어 개인의 심리와 행동 패턴을 알아보는 중요한 도구로 자리 잡고 있으며, 현재까지도 연구와 적용이 지속되고 있다. 각 국가마다 필적학은 심리학, 법의학, 경영학 등 다양한 분야와 융합하면서 그 중요성이 부각되고 있으며 앞으로도 심리 분석 및 데이터 과학의 발전과 함께 지속해서 진화할 것으로 예상된다.

19세기 Handwriting 대표 연구자들

프랑스 치과의사이자 현대 필적학의 대표자 장 크레피유 자맹(Jules Crépieux-Jamin, 1859~1940)은 특성 분석을 통해 개인의 특이성이 성격, 무의식적 사고 과정으로 구성된 전체로서 결정된다는 이론을 소개했다.

이탈리아의 지롤라모 모레티(Girolamo Moretti, 1879~1963)는 프란체스코 수도회의 수사였다. 그는 『Manuale di Grafología』를 출판했다.

스위스 베른에서 태어난 막스 풀버(Max Pulver, 1889~1952)는 정신분석학을 필적에 도입하고 공간 상징주의 이론을 발전시킨 사람이다.

3

Graphology에 대한 각국의 연구

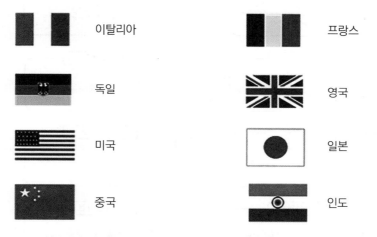

이탈리아

프랑스

독일

영국

미국

일본

중국

인도

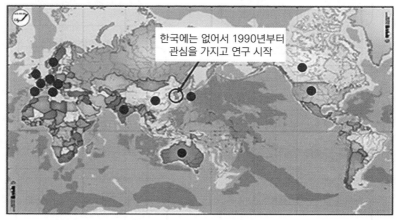

한국에는 없어서 1990년부터
관심을 가지고 연구 시작

세계 각국에서 대학 정규 과정과 석사, 박사 과정을 두고 배우며 연구하고 있다.

4

미국 역대 대통령의 Signature

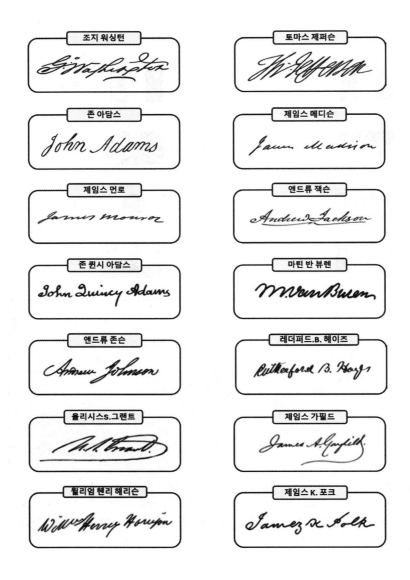

조지 워싱턴

존 아담스

제임스 먼로

존 퀸시 아담스

앤드류 존슨

율리시스s.그랜트

윌리엄 헨리 해리슨

토마스 제퍼슨

제임스 매디슨

앤드류 잭슨

마틴 반 뷰렌

레더퍼드.B. 헤이즈

제임스 가필드

제임스 K. 포크

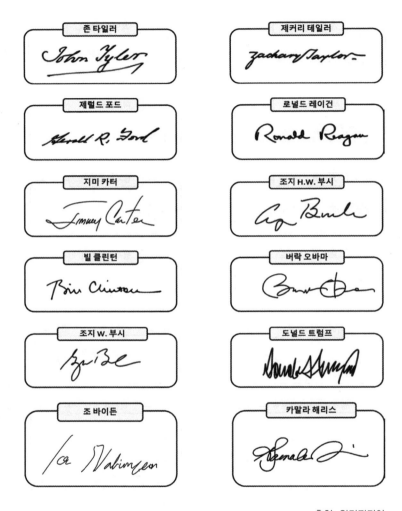

5

조선 왕의 수결(Signature)

| 태조 이성계 | 태종 이방원 | 정조 | 순조 | 고종 황제 |

출처: 정부기록보존소

　정부기록보존소가 소장하고 있는 자료에 따르면 태조 이성계의 수결은 '개국'을 의미하는 단(旦)을 거꾸로 했다고 한다. 그래서 언뜻 'ㅡ+日'로서 첫째 날을 의미하는 것으로 보이지만 크게 틀리지 않은 해석이라고 한다. 단(旦)의 뜻이 아침과 새벽이다. 태조는 조선(朝鮮)을 개국하는 뜻으로 이 수결을 택한 것으로 전해지고 있다고 한다.

　태종 이방원의 수결은 그의 삶처럼 강한 주체성을 담고 있다고 한다. 수결에 자신의 이미지를 분명하게 새겨 넣고 있기 때문이다. 그의 글자는 원(초두+멀원)이다. 초두는 백성을 뜻하고, 원은 자신 이름의 끝 자라고 한다.

　18세기 이후 조선왕조 국왕의 수결은 거의 비슷했다고 한다. 정조와 순조, 그리고 고종이 '한 마음'을 뜻하는 '일심(一心)'을 거꾸로 한 것을 수결로 삼았다고 한다.

　국왕들은 문서를 작성하고 본인이 직접 확인하였음을 표시할 때 수결을 사용했다고 한다.

한국 역대 대통령의 Signature

상기 서명은 인터넷에 올려진 내용을 보고 필자가 따라 써보기를 한 것이다.
이미지 저작권 문제가 발생할 수 있다고 해서다.

제3장

서명 분석의 활용

서명 필적 분석으로
무엇을 알 수 있나요?

서명 필적 분석으로 알게 된 자신의 강점과 약점, 심리적 특성, 대인관계 등은 개인의 발전과 성공에 아주 중요한 역할을 한다. 이러한 요소들을 이해하고 분석하는 것은 자신의 목표를 설정하고 달성하는 데 도움을 줄 수 있다.

강점과 약점

강점을 파악하는 것은 자신이 어떤 분야에서 더 많은 성과를 낼 수 있는지를 이해하는 데 중요한 기초가 된다. 반면, 약점은 발전이 필요한 부분으로, 예를 들어 시간 관리 또는 스트레스 관리 능력이 부족한 경우가 이에 해당할 수 있다.

창의성 수준과 동기 부여

창의성이 높은 사람은 다양한 시각을 가지고 있으며, 대체로 높은 수준의 호기심과 탐구심을 가지고 있다. 동기 부여는 개인의 목표 달성을 위한 내적·외적 자극으로, 강한 자기 효능감은 높은 동기 부여로 이어진다. 동기 부여를 높이기 위해서는 목표를 SMART(구체적, 측정 가능, 달성 가능, 관련성 있는, 시간 기반)하게 설정하는 것이 좋다.

자신감과 시간 관리 기술

자신감을 높이기 위해서는 성공적인 경험을 쌓고, 스스로 대화하면서 자존감을 강화하는 것이 필요하다. 시간 관리 기술은 목표 달성의 효율성을 높이는 핵심 요소로, 우선순위 설정과 체계적인 일정 계획, 마감일 준수 능력을 포함한다.

타인과의 관계성 및 집중력

인간관계는 질과 양을 의미하며, 이는 개인의 사회적 지지망을 형성하고 삶의 전반적인 만족도에 영향을 미친다. 효과적인 소통 능력과 감정 지능이 관계성을 강화하는 데 중요한 역할을 하며, 집중력은 주의 산만을 최소화하고 목표에 전적으로 몰두할 수 있게 한다.

외향성과 내향성

외향적인 사람들은 사회적 활동에서 에너지를 얻지만, 내향적인 사람들은 혼자 있는 시간을 보내며 감정을 재정립한다. 자신의 성격 유형을 이해하는 것은 대인관계를 증진하고 자기 관리를 효과적으로 하는 데 도움을 준다.

심리적·정신적 상태

심리적 문제로 인해 우울감이나 불안감이 지속되면 학업 성취와 직업적 성공에 부정적인 영향을 미친다. 반면, 긍정적이며 경쾌한 마음가짐은 창의력을 높이고 팀워크를 향상하며, 서명 분석으로 다양한 기회를 열 수 있다.

Signature의 3대 용도

1) 법적 효력 계약서 서명

① 법적 구속력

계약서는 법적으로 구속력이 있는 문서로, 서명은 해당 문서에 서명자가 동의함을 입증하는 방식이다. 일반적으로 계약서에는 당사자들이 동의한 조건과 조항이 포함되며, 서명 후에는 이들 내용으로 법적 효력이 발생한다.

② 책임의 확인

서명은 계약이나 약속이 실현되지 않았을 경우, 법적 책임을 묻는 근거가 될 수 있다. 예를 들어, 서명자가 계약의 불이행으로 인해 발생하는 손해를 책임져야 할 수 있다는 점이 중요하다.

③ 신뢰의 구축

서명자는 그 내용을 충분히 이해했으며 합의하였음을 나타낸다. 특히, 편지

형식의 계약이나 의향서(MOU)에서 서명은 상대방과의 신뢰 관계를 더욱 견고히 만드는 요소로 작용한다.

④ 문서의 진본성을 보증

서명은 문서의 진본성을 강조하는 중요한 수단이다. 특히 계약서에는 서명자가 누구인지, 그들이 어떤 내용을 승인하였는지를 명확히 확인할 수 있게 된다. 계약 당사자가 서명하지 않았다면 그 문서의 효력이나 내용의 신뢰성이 떨어질 수 있다. 독일에서는 서명이 있는 문서가 반드시 원본의 효력을 갖는 것으로 간주되며, 이는 다른 국가와의 문화적 차이를 보여준다.

⑤ 관련 법령과 규정

국제계약에서는 서명이 당사자 간의 법적 관계를 정의하는 중요한 방식이다. 계약 체결 시, 당사자는 그들이 동의한 모든 조건에 따라 권리와 의무가 발생하게 된다. 특히 분쟁의 경우에도 구속력을 가지며, 적법한 절차에 따라 해결될 수 있다.

⑥ 의사록과 합의서

회의록이나 합의서와 같은 문서에서도 서명이 중요한 역할을 한다. 이러한 문서가 제대로 작성되어 서명된다면 법적 효력을 가지게 되고, 이후의 협상이나 법적 분쟁에서 기초 자료로 활용될 수 있다. 이는 계약서와 마찬가지로 내용을 충분히 이해하고 서명했다는 것을 보여준다.

계약서나 편지 말미에 서명하는 행위는 다양한 측면에서 중요하며 책임, 신뢰 구축, 문서 진본성 보증 등의 구실을 한다. 따라서 서명 전에는 항상 그 내용을 충분히 검토하고 이해한 후 서명하는 것이 필요하다.

2) 제품·서비스 구매 시 서명

① 거래 승인과 확인

서명은 카드 소지자가 해당 거래를 승인했음을 공식적으로 기록하는 방법이다. 소비자는 카드 결제를 위해 필요한 정보를 입력한 뒤, 최종적으로 서명을 통해 거래를 확정 짓는다. 이 과정에서 자신의 의사로 거래하였다는 것을 강하게 입증한다. 즉, 소비자가 서명을 남김으로써 카드사와의 계약이 성립되며, 해당 거래의 모든 조건에 동의했음을 나타낸다.

② 법적 효력

카드 결제에서 문제가 발생했을 때, 소비자는 서명이 포함된 거래 명세서나 영수증을 제시하여 카드사 또는 판매자에게 이의 제기를 할 수 있다. 이러한 법적 입증은 소비자가 거래의 진위를 판단하는 데 도움을 주며, 카드사에게 자신의 주장을 뒷받침할 수 있는 근거가 된다.

③ 책임의 명확화

만약 카드가 도난당하거나 분실된 상태에서 무분별하게 사용된 경우, 서명이 없는 거래에 대해서는 카드사가 책임을 더 쉽게 회피할 수 있다. 특히, 카드 뒷면에 서명이 없는 경우 카드사 법규에 따라 보장이 제한될 수 있으므로, 소비자는 이 점에 유의해야 한다.

④ 신뢰와 보안 증진

서명은 카드 사용자가 제공한 정보의 진위를 확인하는 수단으로, 고객 보호와 관련된 법적 요건을 충족하기 위한 필수적인 방법이다. 카드사들은 이 과정을 통해 부정 사용과 사기를 방지하고자 하며, 보안을 한층 더 강화하는 데 도움이 된다. 이러한 서명 절차는 최근의 법적 요구 사항과 카드 보안 법규에 따라 지속해서 발전하고 있다.

⑤ 카드사와 결제 시스템의 요구 사항

결제 시 사용되는 다양한 결제 시스템은 이를 시행하도록 정비된 시스템을 갖추고 있으며, 모든 거래가 표준화된 절차를 따르는 것이 기본이다. 이러한 흐름은 카드사와 결제 서비스 제공업체들이 소비자 보호 조치를 최우선으로 하고 있음을 보여준다.

⑥ 소비자의 안전성 보호

만약 거래가 의심스러운 상황이 발생한다면, 서명은 소비자가 신속하게 카드사에 연락하여 의사결정을 요청하거나 문제를 해결할 수 있는 중요한 근거로 작용한다. 이는 소비자가 자신의 카드와 개인 정보를 안전하게 사용할 수 있도록 보호하는 데 큰 역할을 한다.

3) 퍼스널 브랜딩

① 퍼스널 브랜드의 구축

개인은 서명으로 자신의 이름을 대표하는 유니크한 표식을 제공함으로써, 특정 이미지나 스토리를 대중에게 각인시킬 수 있다. 김진향 작가의 책『브랜드로 산다는 것』에서 강조하듯이 모든 사람은 이미 브랜드이며, 자신만의 퍼스널 브랜드를 어떻게 구축하고 지속할지를 고민해야 한다. 서명은 이러한 퍼스널 브랜딩 과정에서 개인의 철학과 목표를 반영할 수 있는 중요한 요소다.

② 신뢰와 인지도 형성

퀄리티 높은 서명이 존재한다면, 이는 전문성을 암시하며 사람들에게 신뢰를 줄 수 있다. 따라서 서명을 통해 자신의 브랜드를 구축하는 것은 상대방에게 자신이 신뢰할 수 있는 사람이라는 인식을 심어주고, 이는 비즈니스나 다양한 인간관계에서 유리하게 작용한다.

③ 정체성의 명확화와 차별화

'나는 누구인가'라는 질문에 답하기 위한 첫걸음은 서명에 어떻게 자신을 표현할 것인지 고민하는 것이다. 자신의 본질을 드러내는 단어를 선택하고, 이를 서명에 반영할 수 있다. 예를 들어, 자신을 '전문적인', '신뢰할 수 있는', '창의적인' 등으로 표현할 수 있다면 이와 연관된 요소들을 서명 스타일에 녹여낼 수 있다.

마르셀 뒤샹의 공산품과 예술품의 경계에 대한 예에서 볼 수 있듯, 단순하게 보이는 것에서도 복잡한 의미를 찾아내어 본질을 변화시키는 것이 가능하다. 자신의 서명 역시 그러한 '미세한 차이'를 표현하는 예술과 같다고 볼 수 있다. 이 독특성은 퍼스널 브랜딩의 강력한 무기가 된다.

④ 지속적인 자기 계발과 의도적 노력

서명은 그 자체로 진화할 수 있는 자산이다. 사람들이 나의 변화를 경험할 수 있도록 서명을 새롭게 정의하고, 필요에 따라 스타일이나 콘텐츠를 조정하는 것을 잊지 않아야 한다. 이는 현재 변화하는 디지털 환경 내에서 브랜드의 일관성을 유지하고 고객들과 지속적으로 소통할 수 있는 능력을 키워준다.

⑤ 서명 디자인의 중요성

전문적으로 디자인된 서명은 개인 브랜드의 강력한 시각적 이미지를 만들 수 있다. 특히 최근의 트렌드에 따르면 감정적이고 비주얼적인 요소가 고객들과의 소통에 중요한 영향을 미치고 있다. 따라서 디자이너와의 협업을 통해 독창적이고 적합한 서명을 디자인하여, 나의 브랜드가 시각적으로도 확고히 자리 잡을 수 있도록 해야 한다. 예를 들면 피카소 서명이 지갑과 시트로엥 자동차 브랜드에 활용된 사례가 있다.

3

Handwriting(손 글씨)이란?

손 글씨는 개인이 손으로 직접 작성한 글자로, 단순한 정보 전달의 수단을 넘어 개인의 감정과 성격, 창의성을 표현하는 중요한 매개체로 자리 잡고 있다. 디지털화가 가속화되는 현대 사회에서도 손 글씨는 여전히 많은 사람에게 감정적 연결과 아날로그적 감성을 제공한다.

손 글씨의 특징은 활용 방식에 따라 다양하다. 예를 들어 편지 쓰는 것, 일기를 기록하는 것, 혹은 예술적 표현 수단으로 활용하는 등 여러 형태로 존재한다. 손 글씨는 그 자체로 개성을 드러내는 방법이자, 주고받는 이들 사이의 관계를 깊게 만드는 요소다. 특히, 편지와 같은 소통의 방식은 이메일이나 문자보다 훨씬 더 개인적이고 친밀한 느낌을 준다. 이는 아날로그적 방식의 매력으로, 마음과 정성이 담긴 손 글씨는 창작자와 수신자 간의 공감대가 형성되어 관계를 더욱 깊게 연결한다.

최근 몇 년 사이에 손 글씨에 관한 관심이 높아진 것은 여러 요인에 기인한다. 예를 들어 개인의 고유한 필체를 살리고 싶은 욕구가 증가하고 있으며, 이는 사회적 연결성과 정체성을 표현할 수 있는 수단으로 여겨진다. 또한, 필기체 교육이 일부 지역에서 의무화되는 등 손 글씨의 중요성이 다시금 조명받고 있다. 캘리포니아주에서 초등학생에게 필기체 교육을 의무화한 것은 좋은 사례다. 이러한 교육은 인지 개발, 독해력 향상, 세부 근육 발달에 긍정적인 영향을 미친다고 보고되고 있다.

손 글씨는 한글의 미학과도 깊은 관련이 있다. 이병대 한글 필기체 연구소장은 '기준선' 개념을 통해 손 글씨 쓰기의 중요성을 강조한다. 이는 글자의 일관성과 미적 조화를 추구하는 과정으로, 예를 들어 받침이 없는 글자를 적을 때 아래 선을 따라 맞출 필요가 없다고 설명한다. 이러한 접근은 손 글씨를 더 아름답고 균형 있게 쓰는 방법을 제시한다.

손 글씨 연습은 기술적인 측면에서도 중요한 이점을 제공한다. 꾸준한 연습을 통해 개인의 손 글씨는 개선될 수 있으며, 여러 연구에서 손 글씨를 통한 기억력 향상과 창의성 증진에 대한 긍정적인 효과가 발견되었다. 손 글씨를 잘 쓰기 위해서는 기본적인 연습이 필수적이며, 이를 통해 개인적인 스타일을 발전시킬 수 있다.

아울러 손 글씨는 문화적, 역사적 가치도 지니고 있다. 고문서와 같은 역사적인 문헌은 손 글씨로 작성되었으며, 이는 특정 시대의 언어와 문화를 이해하는 데 중요한 역할을 한다. 최근에는 딥 러닝 기술을 활용해 고문서를 디지털화하는 프로젝트도 진행되고 있으며, 이는 연구자들이 오래된 문헌을 재조명하는 데 기여하고 있다.

결론적으로 손 글씨는 단순한 글쓰기 이상의 의미를 지니며 개인의 정체성, 감정, 그리고 문화적 자산을 전달하는 중요한 방식으로 자리 잡고 있다. 우리는 손 글씨로 아날로그적 감성과 디지털 시대의 기술을 동시에 경험하며, 인간적인 소통의 풍요로움을 다시금 느낄 수 있다.

4

서명과 손 글씨를
함께 분석해야 하는 이유

필적 분석에서 서명과 손 글씨를 함께 분석해야 하는 이유는 두 가지 문서와 특정 요소가 서로 보완적이며 개인의 심리 상태와 성격을 여러모로 이해하는 데 기여하기 때문이다. 손 글씨는 비교적 긴 텍스트로 개인의 필체와 그 사람의 감정, 행동 방식을 드러내는 한편, 서명은 개인의 특징을 압축하여 나타내는 중요한 표식이다. 이 두 가지 요소를 동시에 분석하면 보다 포괄적이고 심층적인 인사이트를 얻을 수 있다.

첫째, 손 글씨가 보여주는 다양한 요소는 개인의 심리적 특성과 성격을 다각적으로 해석할 기회를 제공한다. 예를 들어, 손 글씨에서 압력이 강하고 세로선이 두드러지며 우상향하는 형태는 당사자의 야망이나 긍정적인 사고방식을 나타낸다. 일론 머스크와 같은 현대의 슈퍼리치들이 그러한 필체를 보이며, 이는 그들의 성공적인 삶과 연결할 수 있다. 머스크의 필체는 목표를 향한 지속적인 상승 동력을 보여주며, 이는 그의 성공을 추구하는 태도를 반영한다.

둘째, 서명은 그 사람의 주된 성격 특성과 자기표현 방식이 농축되어 있다는 점에서 중요하다. 예를 들어, 도널드 트럼프의 서명은 강하고 날카로우며 길고 큰 글자가 특징이다. 이는 그가 권력을 갈망하고 단호한 성격임을 나타내며, 필적 전문가들은 그의 서명이 무모한 야망과 대담성을 드러낸다고 분석한다. 반면, 마크 저커버그의 서명은 부드럽고 여유로운 느낌을 주어 그의 개방적이고 협력적인 성격을 보여준다. 이러한 분석을 통해 서명은 그 개인이 사회적 관계를 맺는 방식을 드러내는 지표로 활용될 수 있다.

셋째, 서명과 손 글씨 분석은 서로의 한계를 보완한다. 손 글씨는 좀 더 복잡하고 풍부한 정보를 제공하지만 상대적으로 긴 글이 필요하므로 직접적으로 개인의 특성을 파악하는 데 시간이 걸릴 수 있다. 반면, 서명은 짧고 간결하지만 제한된 정보를 자주 전달하기 때문에 깊이 있는 해석에 대한 한계를 지닌다. 따라서 두 요소를 통합하여 분석하면, 더욱 정교한 분석 결과를 도출할 수 있다. 예를 들어, 김건희 여사의 박사논문 심사 관련 논란에서 심사위원들의 서명이 동일인의 필적으로 확인됐다는 언론 보도 사례는 필적학의 실제 응용에서 서명과 손 글씨가 함께 분석되어야 하는 이유를 잘 보여준다.

서명과 손 글씨의 복합적인 분석은 특정 직업적, 사회적 맥락에서도 유용하다. 공공의 직위에 있는 인물들의 서체를 통해 그들의 성향이나 리더십 스타일, 공적 성격 등도 가늠할 수 있다. 예를 들어, 지역 단체장들의 연하장을 분석하여 그들의 긍정적 성향이나 외향적인 특성을 파악하는 연구도 진행되고 있다. 이처럼 필적 분석은 개인의 내면을 드러내는 중요한 방법론으로 자리 잡고 있으며, 서명과 손 글씨를 함께 사용하여 더 풍부한 해석을 가능하게 한다.

서명과 손 글씨가 서로 다른 느낌을 주는 이유는 복합적인 요인에 의해 결정된다. 이러한 요인은 개인의 심리적 상태, 서식과 목적, 신체적 특성, 각 개인의 독특한 스타일로 나눌 수 있다.

① 심리적 요인

서명은 공식적인 동의나 책임을 나타내는 과정에서 작성되기 때문에 긴장감이나 압박을 느낄 수 있다. 이러한 감정은 서명에 더 정제되고 경직된 느낌을 부여하게 되며, 작성자는 자신의 의도를 분명히 전달하기 위한 경향이 있다. 심리학적 연구에 따르면, 스트레스나 불안감은 신경계에 영향을 미쳐 필체의 일관성 감소와 경직된 스타일로 이어질 수 있다.

② 글씨와 서명의 작성 목적은 다르다

일반적인 글씨는 주로 개인적인 기록이나 메모로, 과정을 자유롭게 표현할 수 있다. 이러한 자유로운 서체는 개인의 창의성과 개성을 나타내는 데 중점을 두게 된다. 그러나 서명은 법적 문서나 계약서에 사용되며, 공식적인 동의나 인정을 나타낸다. 이때 서명이 규칙적이고 명확하게 작성되는 것이 중요하므로, 작성자는 자신의 서명을 작성할 때 각진 형태나 빠른 속도로 쓰는 경향이 나타날 수 있다. 이러한 차이는 글씨체에서 볼 수 없는 경향적인 패턴을 드러내며, 서명이 별도의 규칙과 정서를 필요로 한다는 점에서 글씨와 차이가 나타난다.

③ 신체적 요인

손이 크거나 힘이 좋은 사람은 더 크고 뚜렷한 글씨를 쓸 수 있으며, 이러한 특성은 종종 그들의 자아 감각과 연결된다. 반면, 서명은 일반적으로 신속하게 작성되기 때문에 이러한 신체적 특성이 더욱 극적으로 드러날 수 있다. 사람마다 쓰는 방식이 다르므로 서명에서 나타나는 패턴은 독특한 신체적 특성을 기반으로 새로운 시각을 제공한다.

④ 개별적인 스타일

개인의 스타일은 성격, 감정 상태, 그리고 사회적 상호작용을 반영하는 '뇌의 지문'과 같은 역할을 한다. 서명은 공식적이고 법적인 맥락에서 작성되기 때문에, 개인의 성격을 다르게 표현할 수도 있다. 많은 사람은 서명에서 자신의 이름을 더 세련되거나 독특하게 변형시켜 자신의 정체성을 표시하려고 한다. 이처럼 필체와 서명의 스타일 차이가 만들어지는 것은 각 개인이 어떻게 자신을 표현할 것인가에 대한 개인적인 결정으로도 볼 수 있다.

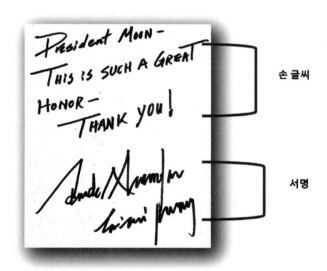

손 글씨

서명

상기 트럼프의 손 글씨와 서명을 따라 써보았다. 손 글씨는 정렬된 감이 있고 서명은 날카롭게 보인다. 속마음은 통제가 잘 된다고 볼 수 있다. 외부로 발산하는 서명은 자신을 함부로 넘보지 말라는 경고로 보인다. 이런 예로 볼 때 손 글씨와 서명을 함께 분석하는 것이 신뢰도를 높이는 데 중요한 역할을 한다.

결론

　결국 글씨와 서명을 균형 있게 분석한다면, 우리는 글자 혹은 선 하나하나에 담긴 의미를 파악할 수 있을 뿐만 아니라 그 이면에 숨겨진 인간의 복잡한 내면세계를 더 깊이 이해할 수 있게 된다. 필적학은 단순히 필체를 넘어서 사회적, 심리적 맥락에서 개인의 성격과 행동 양식을 탐구하는 데 중요한 통찰력을 제공한다.

⑤
서명 분석을 배우면 어디에 활용하나?

교육 분야

학생들을 이해하고 정서적으로 지원할 수 있다. 필기 변화(글자의 크기, 압력, 흔들림) 등을 파악하여 자신감 저하를 막고 심리적 안정을 줄 수 있다. 몰입 장애를 탐색해 학습 역량을 강화시키고, 난독증과 난서증 등을 해결해 줄 수 있으며, 창의적 수업 설계로 손의 소근육에 해당하는 작업치료를 담당할 수 있다. 분석을 바탕으로 집중력을 높여 학습 효과를 향상시킬 수 있다.

비즈니스 분야

서명이 작을수록 경영실적이 높다는 하버드 비즈니스 리뷰에서 밝힌 연구 결과를 보면 적당한 서명은 기업 임원과 의사결정자(CEO)에게 ROA를 높여 주는 계기가 될 수 있다. 또한 인재 양성 분야에 개입해 채용과 계발에 참여할 수 있으며(조직력, 영업력, 커뮤니케이션) 팀 빌딩에도 적합하다. 예를 들어 세밀한 필기 스타일을 가진 직원은 디테일한 작업에 적합할 수 있다. 또한 고객의 필기 변화(기울기, 크기, 흔들림) 등을 파악해 감정 상태를 모니터링하고 상황에 적합한 대응을 할 수 있다.

심리 분야

　정서 상태를 파악해 정신적, 심리적 고통이 완화되도록 개입함으로써 도움을 줄 수 있고, 내·외향성과 장단점을 파악해 균형을 잡아줄 수 있다. 감정 변화를 추적하고, 너무 추상적이거나 고립된 모습을 개선시켜 주어 소극적인 사람을 적극적인 사람으로 안내해 줄 수 있다.

세계 유명인이 필적에 관해 남긴 말

- 공자는 "글씨는 마음의 그림자다(書如其人)"라고 말했다.
- 중국 서예의 대가인 왕희지는 "글씨는 마음의 소리다"라고 했다.
- 중국 송나라의 문인 소동파는 "글씨는 사람의 성격을 드러낸다"라고 말했다.
- 일본 헤이안 시대의 고승 구카이는 "글씨는 마음의 흐름을 담아내는 것"이라고 했다.
- 일본 불교의 대표적 인물인 호넨은 "글씨는 마음의 거울"이라고 강조했다.
- 일본의 미학자 야나기무네요시는 "글씨는 단순한 기술이 아니라 마음의 표현"이라고 했다.
- 조선 시대의 성리학자 퇴계 이황은 "글씨는 마음의 그림"이라고 했다.
- 율곡 이이는 "글씨는 마음의 표현"이라고 강조하며, 정신 상태가 중요하다고 했다.
- 추사 김정희는 "글씨는 그 사람의 기질과 학문이 드러나는 것"이라고 말했다.
- 소크라테스는 "인간을 알기 위해서는 그의 글씨를 보라"라고 했다.

- 셰익스피어는 "그의 글씨를 가져오라. 그러면 그가 누군지 알려 주겠다"라고 했다.
- 필적학자 빌헬름 프레이어(Wilhelm Preyer)는 "필적은 뇌의 흔적"이라고 했다.
- 알베르트 아인슈타인(albert Einstein)은 "최고 지성은 그의 글씨에서 나타난다"라고 했다.
- 칼 구스타프 융(Carl Gustav Jung)은 "사람의 성격은 글씨체에서 나타난다"라고 했다.
- 발렌타인 호로위츠(Valentine Horowitz)는 "성격은 글씨에 반영되어 있다"라고 했다.
- 미하일발리 보르(Mikhail Balivor)는 "필적 감정 분석 기법이 성격 연구에서 잠재력을 지닌다"라고 했다.

7

서명 필적 분석의 10가지 기본 유형

아래와 같은 예시로 서명 분석 방법을 제시한다.

PART II 에서 자세하게 다룬다.

① 여백으로 분석한다.	⑥ 각도로 분석한다.
② 간격으로 분석한다.	⑦ 펜 압으로 분석한다.
③ 기울기로 분석한다.	⑧ 속도로 분석한다.
④ 크기로 분석한다.	⑨ 길이로 분석한다.
⑤ 영역으로 분석한다.	⑩ 가독성으로 분석한다.

서명 필적 분석 예시

❶ 첫 글자의 대문자와 크기를 본다.

❷ 'i' 자의 상단 점의 위치와 형태를 본다.

❸ 't' 자의 가로선 길이와 위치를 본다.

❹ 'e' 자의 고리 형성과 형태를 본다.

❺ 마지막 스트로크의 우상향 등을 본다.

❻ 't' 자의 세로선 길이를 본다.

❼ 'g' 자의 하단 고리 형성을 본다.

❽ 서명 전체가 우상향하는지를 본다.

PART II

제1장

Margin

여백으로 분석한다

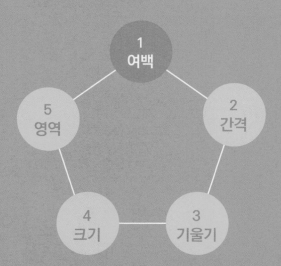

1. 여백의 정의와 개념

여백은 글자가 쓰이지 않은 공간으로, 글자의 배열과 시각적인 균형을 결정 짓는 핵심 요소다. 글자와 글자 사이의 간격이나 글자가 위치한 페이지의 나머지 부분과의 관계에서 여백은 단순히 시각적 효과를 넘어 독자의 이해와 감정에 영향을 미치게 된다. 특히 그래픽 디자인이나 서체 디자인에서 여백은 정보를 전달하고, 주의를 집중시키며, 피로감을 줄이는 데 중요한 역할을 한다.

2. 여백의 중요성

① 시각적 균형: 여백은 디자인의 구성 요소 간의 균형을 맞추는 데 기여한다. 과도한 요소와 정보가 있을 경우 독자는 쉽게 혼란스러워할 수 있는데, 여백이 적절히 활용되면 오히려 중요한 메시지를 강조할 수 있다.

② 읽기 쉬움: 적절한 여백은 글의 가독성을 높이고, 독자가 내용을 더욱 쉽게 이해할 수 있도록 한다. 특히 긴 텍스트에서는 여백이 독자의 피로를 줄이는 데 큰 도움을 준다.

③ 감정적 반응: 여백은 시각적으로도 감정적 반응을 유도할 수 있다. 여백이 많을수록 고요하고 차분한 느낌을 주며, 반대로 적은 여백은 활기차고 응집된 느낌을 줄 수 있다. 이러한 차이는 글쓴이의 의도와 독자가 느끼는 감정 사이의 연결 고리를 형성한다.

④ **의미의 강조:** 여백은 중요한 요소를 강조하는 역할도 한다. 예를 들어, 포스터 디자인에서 특정 메시지나 이미지를 강조하기 위해 그 주변에 넓은 여백을 두는 경우가 많다. 이러한 방식은 관람자의 시선을 끌고, 메시지의 중요성을 부각시키는 데 효과적이다.

3. 여백과 필적 분석

필적 분석에서 여백은 단순한 빈 공간을 넘어서, 작성자의 감정이나 성향을 이해하는 단서가 될 수 있다. 예를 들어 글자 사이의 여백이 적당할수록 작성자가 사교적이고 개방적인 성향일 수 있으며, 반대로 여백이 좁다면 내향적인 성향을 나타낼 수 있다. 따라서 필적 분석을 통해 글자의 형태와 여백을 종합적으로 해석하면 작성자에 대한 심층적인 통찰을 얻을 수 있다.

이처럼 여백은 필적 분석뿐만 아니라 디자인 전반에 걸쳐 중요한 의미와 역할을 지닌다. 여백을 이해하고 활용하는 것은 단순한 미적 요소를 넘어, 의사소통의 효율성을 극대화하는 데 중요하다.

4. 손 글씨 여백이 우리의 성격에 대해 말해 주는 것

Signature는 주관적이고 독창적인 삶의 표현이기 때문에 역동적이다. 손 글씨 분석 목표는 패턴을 통해 개인이 표현하는 내용을 포착하는 것이다.

스위스인이자 융의 친구인 풀버(Max Pulver, 1889)는 글씨에서 공간의 상징성을 발전시킨다. 또한 글쓰기를 정신분석학으로 연결하고 심리학에서는 이 이론을 투사 기법에 적용했다. 종이에 쓰는 글자의 위치에 따라 개인의 상징성이 발견되는데 누가 영적인지, 사회적인지, 물질주의적인지 알 수 있다고 주장한다.

Max Pulver는 여백을 통해 개인의 심리적 특성과 성격을 해석할 수 있는 방법론을 제시했다. 손 글씨에서 나타나는 여백은 단순히 글자 사이의 공간이 아니라 개인의 정서적, 사회적 측면을 드러내는 중요한 지표로 작용한다. 여백이 어떻게 성격을 반영하는지는 다양한 요소에 따라 달라지며, 특히 손 글씨의 구조와 배치가 그 사람의 사고방식과 행동 양식을 이해하는 데 기여할 수 있다고 봤다.

여백을 이해하기 위한 첫 번째 원칙은 공간의 크기와 활용 방식이다. 예를 들어, 손 글씨에서 여백이 적다면 이는 문맥을 압축하고 간결함을 추구하는 경향을 나타낼 수 있다. 이런 경우, 작성자는 사람들과의 관계에서도 상대적으로 거리감을 두거나 자신의 감정을 표출하는 데 소극적일 수 있다. 즉, 여백이 적어 서로의 단어가 밀접하게 연결되어 있다면, 이는 그 개인의 사고가 촘촘하고 내부적으로 복잡함을 지니고 있음을 시사한다. 이러한 특징은 개인이 내향적이거나 세심하게 자신의 감정과 생각을 감추는 경향이 있음을 나타낼 수 있으며, 사회적 교류에 대한 경계가 있을 수 있다.

반대로, 여백이 넓고 탄탄하게 확보된 손 글씨는 개방적이며 자신감 있는 태도를 나타내곤 한다. 대개 여백이 크면 보내는 메시지가 모두 잘 보이게 되어, 이는 개인이 다른 이들과의 관계를 중요시하거나 소통을 좋아한다는 의미로 해석될 수 있다. 이러한 개인은 또래나 동료들과의 상호작용을 중요시하며, 자신을 표현하는 데에도 여유를 가지고 있다. 즉, 여백이 넓은 손 글씨는 개인의 친근함과 관대함을 나타내며, 사회적 관계를 형성하는 데 이점을 줄 수 있다.

여백의 배치는 개인의 내면세계뿐만 아니라, 그들이 처해 있는 환경이나 상황에도 영향을 받을 수 있다. 예를 들어, 스트레스나 불안이 높은 상황에서 손 글씨의 여백이 급격히 줄어들 수 있다. 이는 개인이 불안감을 표출하는 방식으로, 감정적 압박을 나타낼 수 있다. 반면 안정된 감정을 느끼고 있을 때는 여유 있게 여백을 두어 글쓰기를 진행할 가능성이 크다. 따라서 손 글씨의 여백 변화는 개인의 정서적 안정성이나 상황에 대한 적응력을 반영하는 중요한 지표로 활용될 수 있다.

더 나아가 Max Pulver는 손 글씨의 여백을 통해 개인의 성격뿐만 아니라, 사회적 역할과 환경에 따른 상호관계도 파악할 수 있다고 주장했다. 예를 들어, 직업적인 맥락에서 여백이 작은 글씨는 효율성과 시간 관리에 대한 강한 의지를 반영할 수 있으며, 조직 내에서 리더십을 맡고 있는 개인의 필체를 분석하는 데도 유용하다. 반면, 예술적 직종에 있는 개인의 경우 여백이 넓고 자유로운 글씨체를 사용할 가능성이 높다. 이는 창의성을 나타낸다. 이와 같은 판단을 통해 개인의 직업적 성향이나 사회적 역할을 이해하는 데 도모한다.

결론적으로, Max Pulver가 제시한 손 글씨의 여백 분석법은 단순한 글쓰기의 요소를 넘어서, 개인의 심리와 성격을 이해하는 데 중요한 도구로 작용한다. 여백의 크기와 활용 방식은 개인의 심리적 특성과 사회적 태도에 대한 통찰을 제공하며, 이는 인간관계를 이해하는 데에도 큰 도움을 준다. 손 글씨 분석을 통해 여백의 의미를 깊이 이해하게 된다면, 우리는 사람의 내면을 좀 더 효과적으로 탐구하고 그들의 행동 원인을 파악할 기회를 얻게 될 것이다.

5. 방향성에 따른 인간의 내면 욕구

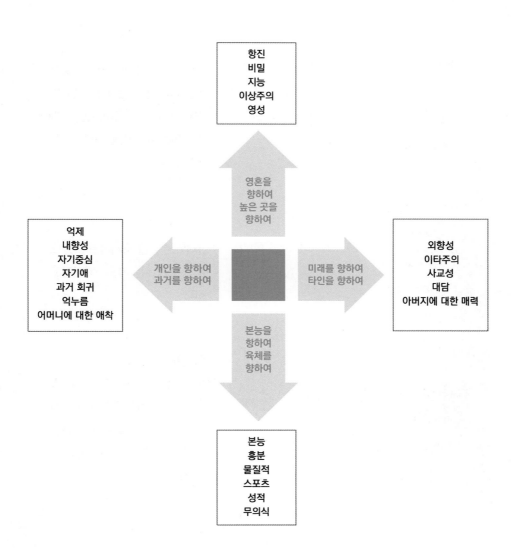

프로이트가 제시한 인간 내면세계의 3단계

Imagination Philosophy Idealism, religion aspiration	SUPER ZONE Superego	**상단 영역** 생각, 야망, 정신, 영성 및 지성 같은 심리적 수준과 관련된 특성을 보인다. 프로이트는 심리학적 이론에서 이를 '초자아'라고 불렀다.
Common sense logic Pragmatism Reality precent	MIDDLE ZONE ego	**중간 영역** 현재와 현실을 중시하는 모습으로, 프로이트는 이를 '자아'라고 했다.
Instinct, sexuality Animal appetite Physical force	LOWER ZONE id	**하단 영역** 인간 본능과 연관되어 있다. 필수적이고 생물학적이며 물질적 욕구와 안정성 확보가 우선된다. 프로이트는 이를 '이드'라고 했다.

6. Where are you Living?

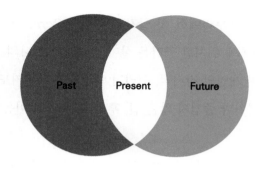

한가운데 있는 현재의 '나'에서 우측으로 나아갈지 좌측으로 이동할지는 본인이 처한 환경과 결부되어 마음에서 결정하게 된다. 오른쪽으로 이동하면 미래로 설정되고 왼쪽으로 이동하면 과거 회귀를 의미한다.

왼쪽 영역은 내부 세계

현재에 문제가 발생하면 과거로 돌아가려는 성향은 어머니와 원초적 유대로부터 분리되지 않으려고 하는 안전과 안정에 대한 욕구가 발생한 것이다. 이를 퇴행적 측면, 내향성으로 보고 미성숙한 '자아'로 설정한다.

오른쪽 영역은 외부 세계

현재에 문제가 있다고 생각할 때 미래에서 해결책을 얻으려는 욕구가 발생한다. 보다 적극적인 의사소통과 도전적인 행동으로 돌파하려는 의지이고, 이를 성숙한 '자아'로 배치한다.

앞으로 제시할 서명 분석에서 줄기차게 마주할 중요한 심리적 내용이다.

7. 손 글씨의 여백

보통 종이의 왼쪽 테두리에서 첫 글자의 여백은 2cm, 약 15% 정도의 여유 공간을 둔다. 왼쪽에 위치한 공간은 살아온 과거 어머니의 모습, 원가족과의 유대를 상징하며 개인의 정서적, 심리적 안정을 나타내기도 한다. 또한 개인이 마주하기 어렵거나 즐겁지 않은 일, 후퇴 또는 과거 이동이 좌측 여백에 반영된다.

심리적 관점에서 볼 때 내면세계는 아이가 태어난 첫해에 완성된다. 어머니에서 분리된 아이가 외부 세계와 처음으로 접촉하는 순간이다. 아이가 외부 세계(안전한 곳 또는 위험한 곳)를 어떻게 인식했는지에 따라, 아이의 내면 힘이 좌우된다. 좌절과 만족 사이의 균형을 통해 아이는 나중에 어머니로부터 분리되어 자신의 개성을 발전시킬 수 있는 능력을 제공할 안전한 심리 세계를 구축할 수 있다. 이 단계에서는 생존과 애정에 대한 욕구를 충족시키는 것이 중요하다. 인간이 어렸을 때 자신이 사랑받지 못하며 기본적 욕구가 충족되지 않았다고 느끼면, 자존감에 영향을 미치고 내적 불안과 불만이 고착될 것이다.

8. 서명과 손 글씨 여백의 1~5가지 기본 유형

서명 여백의 5가지 기본 유형

서명이 우측에 쓰여 왼쪽에 여백이 생기는 경우

서명이 아래에 쓰여 상단에 여백이 생기는 경우

서명이 위쪽에 쓰여 하단에 여백이 생기는 경우

서명이 좌측에 쓰여 오른쪽에 여백이 발생하는 경우

서명이 가운데 쓰여 상하좌우에 여백이 발생하는 경우

손 글씨 여백의 5가지 기본 유형

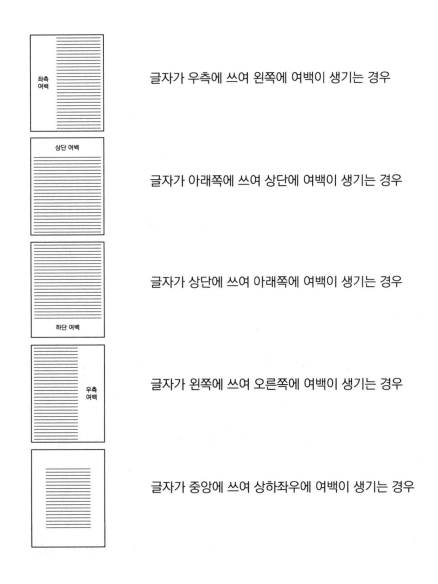

글자가 우측에 쓰여 왼쪽에 여백이 생기는 경우

글자가 아래쪽에 쓰여 상단에 여백이 생기는 경우

글자가 상단에 쓰여 아래쪽에 여백이 생기는 경우

글자가 왼쪽에 쓰여 오른쪽에 여백이 생기는 경우

글자가 중앙에 쓰여 상하좌우에 여백이 생기는 경우

1) 좌측 여백(서명이나 손 글씨가 우측에 배치)

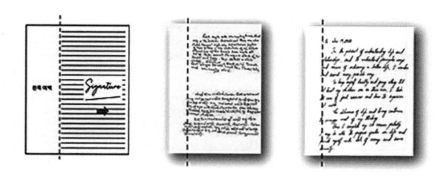

특징

왼쪽 여백을 가진 필체는 개인의 사회적 상호작용, 스트레스 관리, 문제 해결 능력 등 다양한 측면에서 성격을 나타내는 중요한 요소로 작용한다. 따라서 이들을 이해하고 올바르게 소통하기 위해서는 이들의 외향적인 성향을 존중하고, 그들과의 관계를 강화하면서 상호 신뢰를 구축해야 한다.

분석 기준

서명이나 손 글씨가 종이 오른쪽에 배치되어 왼쪽에 빈 공간, 즉 여백을 관찰한다.

해석 방법

외향성, 활동성, 사교성을 보이며 적극적이다. 높은 목표, 과민성, 조급함, 디테일에 약함, 책임 전가 등이 나타날 수 있다.

2) 상단 여백(서명이나 손 글씨가 아래로 배치)

특징

종이의 상단에 여백이 있는 사람들은 일반적으로 신중하고 체계적인 성향을 나타낸다. 이들은 생각에 많은 시간을 투자하며, 결정을 내리기 전에 여러 측면을 고려하는 경향이 있다. 또한 대인관계에서 관찰자 또는 조력자의 역할을 자연스럽게 수행한다.

대인관계에서 배려가 깊고, 상대방의 감정을 존중하는 공감 능력이 뛰어나다. 평정심을 유지해 급변하는 환경에서도 침착하고, 사려 깊은 결정을 내리는 경향이 있다.

분석 기준

서명이나 손 글씨가 종이 아래로 배치되어 상단 영역에 여백이 보이는 모습을 관찰한다.

해석 방법

본능적이고 물질적이며 몽상적이다. 타인 배려, 행동 존중, 공감 능력을 나타내며 신중한 사고, 평정심, 침착함, 충동을 조절하는 능력, 자제력 등이 있다고 본다. 반면, 부족한 자기표현과 소극적인 의사소통, 무관심으로 대인관계와 수용기의 거리감이 있다. 심미성보다 실용성을 우선시할 수 있다.

3) 하단 여백(서명이나 손 글씨가 종이 위쪽에 배치)

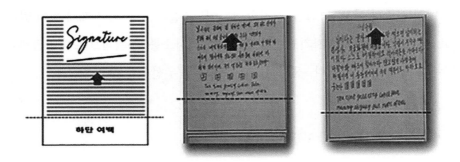

특징

낙관적, 희망적, 긍정적인 생각이 있는 사람들을 반영한다. 이런 사람들은 자신의 목표와 꿈을 향해 나아가는 자세가 강하며, 상황의 어려움에도 불구하고 긍정적인 면을 찾으려는 경향이 있다. 이들은 삶을 향한 긍정적이고 낙관적인 시각을 갖고 있어 사람들과의 상호작용에서 자신감을 발휘하며, 주위 사람들에게 긍정적인 영향을 미칠 수 있다.

분석 기준

서명이나 손 글씨가 종이 위쪽으로 몰려 있어 아랫부분에 여백이 보이는 모습을 관찰한다.

해석 방법

이상적, 추상적인 사고와 창의력 있는 새로운 생각을 한다. 희망적이지만 과도한 낙관을 보이기도 하고, 집중력 부족과 인내심 부족 등이 나타날 수 있다.

4) 우측 여백(서명과 손 글씨가 종이 왼쪽으로 몰림)

특징

오른쪽 여백은 자아를 보호하려는 경향이 강하다. 이는 종종 내향적인 성격으로, 타인과의 관계에서 사회적 압박감을 느끼고 자신의 감정이나 생각을 드러내기보다는 소극적인 자세를 유지하는 경우가 많다. 이러한 필체는 불안감이나 자존감의 부족에서 비롯될 수 있으며, 타인과의 관계에서 발생하는 어려움이나 의사소통의 부담감을 나타낼 수 있다. 특히 중요한 변화나 새로운 환경에 적응하려 할 때, 이러한 경향은 더욱 두드러지게 나타나기도 한다.

분석 기준

서명이나 손 글씨가 종이 좌측에 배치되어 오른쪽에 여백이 보이는 모습을 관찰한다.

해석 방법

어렸을 때 부모 중 한 사람으로부터 감정 표현이 자유롭지 못한 상태에서 성장했을 수 있다. 과거를 현재에 끌고 오며 미래보다 과거에 비중을 두는 경향이 있다. 소심함, 서툰 감정 표현, 위험 회피가 나타나고 새로운 도전에 약하지만 신중하고 디테일에 강한 모습을 보일 수 있다.

5) 정중앙

특징

자신의 감정과 생각을 안정적으로 조절할 수 있음을 나타낸다. 침착하고 균형 잡힌 특성이 있으며, 주변 환경에 대한 높은 적응력을 보여준다. 복잡한 상황에서도 의사결정을 내릴 때 논리적으로 접근하는 경향이 있다(4군데 용지 너비의 15%).

분석 기준

서명이나 손 글씨가 가운데에 배치되고 있다. 상하좌우 여백 대비, 글자가 가운데로 몰리는 모습을 관찰한다(4군데 용지 너비의 15%).

해석 방법

안정감과 관계 균형감으로 조화롭고 평범하며 단순한 삶을 보일 수 있다. 신중하지만 지나친 절제와 자제력, 통제력으로 의식적인 질서를 지키고 변화에 저항, 인위적 태도가 나타난다. 객관적, 독창적이며 좋은 취향을 가질 수 있다.

9. 손 글씨 여백의 6~18가지 유형

6) 우측 상단 여백이 좁고 하단 여백이 넓어짐

특징

진행에 따라 우측 여백이 점점 커지는 현상은 작성자의 심리적 긴장감이나 불안함이 커짐을 나타낸다. 즉, 처음에는 자신감 있게 표현하다가 시간이 지나면서 불안 요인이나 스트레스가 쌓이게 되면 점차 그 여백이 늘어나는 것이다. 이는 불안정한 감정의 변화를 시각적으로 나타내는 방식이다.

분석 기준

하단으로 내려갈수록 오른쪽 여백 비중이 커짐을 관찰한다.

해석 방법

초기 긍정에서 후기 부정으로, 과소비에서 절약으로, 가족에 대한 애착으로 이동한다. 자기반성, 내향성, 조심성, 수줍음, 소극적, 이기적인 행동을 보인다. 나쁜 취향, 비정상적인 사람들과 사회적 접촉, 의식과 잠재의식 사이의 싸움, 고립, 정서적 불안, 두려움, 의심, 자신의 능력에 불신의 경향이 나타날 수 있다.

7) 좌측 상단 여백이 좁고 하단 여백이 넓어짐

특징

시작 부분에서 왼쪽 상단 여백이 좁다는 것은 작성자가 자신의 감정이나 생각을 외부에 강하게 표현하고자 하는 의도를 나타낸다. 이는 자신감을 나타내며 주도적이고 적극적인 태도를 반영한다. 이러한 특징은 작성자가 타인과의 상호작용에서 개방적이고 자신감을 가지고 대화에 임한다는 것을 의미한다.

반면, 시간이 지남에 따라 좌측 하단 여백이 넓어지는 경우는 작성자가 자신의 감정이나 의견을 점차 시간 압박을 받는 경향을 보여준다. 이는 불안감의 증가나 대인관계에서의 스트레스를 나타낼 수 있으며, 이러한 변화는 심리적 압박이 커지는 과정에서 나타나는 경향이 있다. 결과적으로 작성자가 자신의 의견을 점차 축소하거나 숨기게 되는 모습을 반영한다.

분석 기준

왼쪽 여백이 아래로 내려가면서 발달하는 것을 관찰한다.

해석 방법

점점 심해지는 부조화, 어머니로부터 분리되는 경향, 심리적 압박, 자신감 증가, 과소비, 판단 감각의 무지, 혼돈, 외향성, 노출증, 시간 낭비, 에너지 낭비가 있을 수 있다. 설정된 목표 달성을 위한 조바심과 초조함을 보이지만 자금난과 시간 초과로 달성이 어렵고 경솔함, 충동성 등이 나타날 수 있다.

8) 좌측 상단 여백이 넓고 하단 여백이 좁음

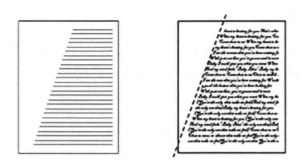

특징

문장의 시작 부분에서 여백이 넓다는 것은 작성자가 자신의 생각이나 의견을 표현하는 데 주저하고 있다는 신호로 해석될 수 있다. 이러한 경향은 개인이 타인과의 관계에서 혹은 모임에서 자신의 목소리를 높이는 것에 불안감을 느끼고 있음을 보여준다.

하단 여백이 좁은 것은 필체를 마무리하는 과정에서 급박하거나 서두름을 반영한다. 이는 작성자가 내용을 정리하기 어려워하거나 마무리를 지으려고 할 때의 불안함을 드러내며, 자신의 의견이나 감정이 명확하게 전달되지 않을 것 같은 두려움으로 이어질 수 있다.

분석 기준

왼쪽 여백이 아래로 내려가면서 감소하는 것을 관찰한다.

해석 방법

수줍음과 내향성으로 조심스럽게 접근하며 자기반성, 미래에 대한 두려움, 불안한 감정이 있을 수 있다. 목표 달성을 위해 행동을 중단하고 축소하는 경향이 있다. 자기중심주의이고 탐욕과 피로, 우울증이 존재할 수 있다. 특히 어머니에 대한 애착이 발생한다.

9) 우측 상단 여백이 넓고 하단 여백이 좁음

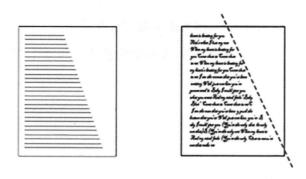

특징

오른쪽 위 여백이 넓다는 것은 신중함을 갖고 접근하는 성향을 보여준다. 오른쪽 아래 여백이 좁다는 것은 글의 마무리가 급박하게 이루어졌음을 나타낸다. 작성자가 자기 생각을 충분히 정리하지 못한 채 마무리 지을 때 심리적 불안감을 느끼고 있음을 시사한다. 이는 즉각적인 피드백이나 결론이 필요한 상황에서 발생할 수 있으며, 최종 결론을 내리기 전 충분한 고려가 부족함을 반영한다.

분석 기준

오른쪽 상단이 넓다가 하단으로 내려갈수록 좁아지는지를 관찰한다.

해석 방법

다른 사람과 더 가까워지려는 성향이며, 애정을 주고 사회화하려는 잠재의식이 존재할 수 있다. 주의력, 신중함, 확장, 시간 압박, 마무리 모호, 결정 불안, 비정상에서 회복 가능성 등이 나타날 수 있다.

10) 불규칙한 왼쪽 여백

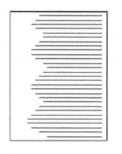

특징

좌측 여백의 불규칙성은 필체의 안정감과 유연성을 동시에 나타낸다. 일반적으로, 이러한 불규칙한 형태는 감정적 불안정성과 연관이 깊다. 대인관계에서 스스로 존재감을 연약하게 느끼거나, 자신을 잘 드러내지 못하는 경향이 있을 수 있음을 시사한다.

감정의 기복이 심하고 스트레스나 불안, 비판을 두려워하며 대인관계에서 자신을 보호하려는 심리적 방어 기제일 수 있다. 복잡한 감정을 다룰 수 있는 능력을 지니고 있지만, 이는 동시에 당장의 감정에 쉽게 휘둘리는 것을 의미하기도 한다. 그들은 종종 내면의 감정을 솔직하게 드러내지 못하고, 자신의 진짜 감정을 숨기려는 경향이 있다.

분석 기준

왼쪽의 Zig-Zag 여백을 관찰한다.

예술적이고 도전적이며 창의성과 자유분방함을 보인다. 미래와 과거의 혼재, 진행과 퇴행이 번갈아 나타나는 현상을 보인다. 성찰적 사고를 보이기도 하지만 무질서, 마무리에 어려움 등이 있을 수 있다. 내면의 싸움, 심리적 양가감정, 심한 감정 기복, 통제 불능의 감정적 성격, 정서적 불안감, 불안정, 잠재의식 장애 등이 나타날 수 있다.

11) 불규칙한 오른쪽 여백

특징

마무리에 대한 불안감과 감정 기복이 있지만 개성과 표현력도 있다고 본다. 이런 불규칙성은 글씨체에 대한 규범을 따르지 않고 자신만의 스타일을 만들어 가는 과정에서 나타날 수 있는 개인적인 특성이 반영된 것이다.

분석 기준

오른쪽의 Zig-Zag 여백을 관찰한다. 진행과 퇴행이 번갈아 가며 나타난다.

해석 방법

성찰적 사고를 하며 창의성과 예술성을 보인다. 자유분방하고 구속을 회피하는 경향이 있다. 마무리를 어려워하며 전진 장애가 있을 수 있다. 통제 불능의 감정적 성격으로, 내면의 싸움을 겪기도 한다. 심리적 양가감정과 정서적 불안감, 불안정, 잠재의식 장애 등이 나타날 수 있다.

12) 왼쪽이 볼록한 여백

특징

좌측 가운데 여백이 좁다는 것은 작성자가 과거의 경험과 기억, 관계를 깊이 있게 고려하고 있음을 나타낸다. 즉 이들은 자기 뿌리를 중시하며, 과거의 사건이나 감정이 현재의 행동에 영향을 미치고 있음을 보여준다. 친숙한 환경을 선호한다는 의미다. 본성은 미래 쪽이지만 현재에 집중하다가 다시 미래로 가는 모습이다.

분석 기준

왼쪽 가운데 여백이 감소하는 것을 관찰한다.

해석 방법

과거의 경험을 인지하면서 미래도 집착한다. 불안정에서 안정, 다시 불안정으로 회귀하는 모습이 나타난다. 유연성과 탄력성이 있지만 의사소통 혼란, 신경질적인 성격, 내면과 싸움, 진전을 멈춤, 외향성 증가, 억제의 혼재 등을 보인다.

13) 좌측 중앙이 오목한 여백

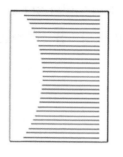 

특징

좌측 중앙의 오목한 여백은 작성자가 과거의 사건이나 경험을 깊이 고려하고 있다는 신호이다. 이런 형태의 필체를 가진 사람들은 대개 감정을 중요하게 생각하며, 감정적 요소가 그들의 의사결정 과정에 큰 비중을 차지한다. 그들은 자신과 타인의 감정을 잘 이해하고 표현하는 데 능숙하며, 이러한 경향은 대인관계에서 긍정적인 영향을 미칠 수 있다.

오목한 여백은 이러한 작성자가 사려 깊고 신중한 성격임을 나타낸다. 이들은 타인의 입장을 고려하고 신중하게 행동하는 경향이 있어, 주변 사람들과의 관계를 소중히 여기고 신뢰를 기반으로 한 상호작용을 추구한다.

분석 기준

왼쪽의 중앙 여백이 오목한 것을 관찰한다.

과거의 경험을 고려하며 과거를 집착하는 경향을 보인다. 사려가 깊고 타인의 감정을 이해하지만 심리적 양면성이 공존해, 내면 싸움이 일어나거나 신경증을 보이기도 한다. 소비 충동을 막으려는 노력이 있으면서 낭비를 선호하는 경향도 있다. 정상으로 회복하려는 의지가 있다.

14) 왼쪽과 아래에서 보이는 여백

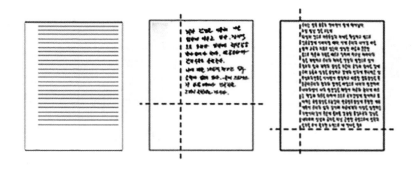

특징

여백이 좌측과 하단에 생기는 경우, 과거에 대한 부담이나 미해결된 감정의
흔적을 나타낼 수 있다. 이런 여백은 작성자가 과거의 경험을 그다지 중요하게
여기지 않으며, 현재와 미래에 더 집중하고 있다는 것을 의미하기도 하다.

분석 기준

왼쪽과 아래쪽에 동시에 보이는 여백을 관찰한다(용지 전체 길이의 10% 미만).

해석 방법

목표 지향적, 도전적, 외향적이다. 리더십 기질로, 자기주장을 강하게 하고 탁
월함을 추구한다. 창의성과 에너지를 내포한다. 사람들에게 끊임없이 둘러싸여
있고 싶은 욕구가 있을 수 있다. 타인에게 친밀감이나 지나친 신뢰를 얻고 싶어
한다. 타인 영역에 침범, 무례함, 배려와 대인관계 감각의 부족, 자기중심적, 이
기주의 성향, 문제 회피 등이 나타날 수 있다.

15) 오른쪽과 위에서 보이는 여백

특징

이런 여백은 작성자가 내면적 갈등의 감정을 통제하려는 태도에서 비롯되어, 타인과 자연스럽게 소통하기보다는 자신의 감정을 드러내는 것을 주저하고 숨기려는 경향을 보인다. 좌측과 하단의 필체는 대개 소극적이고 내성적인 사람들에게서 나타난다. 이들은 매우 신중하게 대인관계를 맺지만, 타인의 의견에 영향을 받거나 과거의 상처가 대인관계 형성에 부정적 영향을 미치기도 한다.

분석 기준

글자가 좌측 하단으로 몰려 우측과 상단에 여백이 발달하는 모습 관찰한다.

해석 방법

내향적, 소극적이며 자기주장과 감정 표현을 자제하고 내세우지 않는다. 전진보다 후퇴로, 자기성찰 능력과 디테일에 강하며 신중히 결정한다. 창의보다 기본을 중시하며 절약, 에너지 축적, 물질적, 본능적, 몽환적 등이 나타날 수 있다.

16) 상단이 넓은 여백

특징

상단 여백이 15%에서 30%인 경우, 글씨가 상대적으로 하단에 많이 몰려 있는 형태를 나타낸다. 이는 작성자가 내향적이고 신중하게 행동하는 경향과 정서적 안정성, 불안 경향을 반영한다. 대개 이런 경우 불안한 경향이 있다. 목표 지향적일 수 있지만 이와 동시에 그 목표를 향한 자신감 부족으로 인해 행동이 제한될 가능성도 시사한다.

분석 기준

상단에 여백 비중이 큰 것을 관찰한다(지하 1층: 종이 길이의 15~30%).

해석 방법

생각보다 행동을 우선하며 형식적, 내향적인 것을 선호할 수 있다. 기본을 중시하며 물질적, 본능적, 몽환적 등이 나타날 수 있다. 글자가 큰 경우에는 관대하며, 글자가 작은 경우에는 생각과 행동이 제한적이고 적응이 어렵다.

17) 과장된 상단 여백

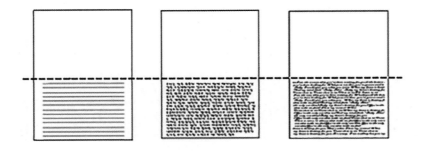

특징

상단 여백이 40% 이상인 경우, 여백이 상대적으로 상당히 넓어 작성자는 자신의 감정과 생각을 다른 사람과 공유하는 데 조심스럽고, 일반적으로 사회적 상호작용에서 방어적인 태도를 보이는 경향이 있다. 이는 작성자가 과거의 경험이나 대인관계의 부담으로부터 보호받고자 하는 심리를 반영한다. 이들은 외부 세계로부터 간섭받기를 원치 않으며, 자신의 공간을 중시한다. 높은 자기 보호 성향도 보인다.

연구에 따르면 여백의 양은 작성자의 사회적 인식에서 발생하는 공감의 정도를 나타내기도 한다. 상단 여백이 넓은 경우, 일반적으로 작성자는 타인의 감정이나 의견을 존중하고 이해하려고 노력하는 성향이 강하다.

분석 기준

글자가 종이 아래로 과하게 내려가 상단에 여백이 크게 보이는 것을 관찰한다 (지하 2층 이하: 종이 길이의 40% 이상).

해석 방법

상대방을 공감하고 이해하지만, 내성적이고 자신감이 결여되어 타인과의 관계에서 어려움이 있을 수 있다. 조심성을 보이고 외부 간섭을 배제하며 자기를 보호한다. 창의력이 부족하고 결정에 어려움을 겪는 경향이 있다. 심리적으로 안정을 추구하며, 사회적으로 압력을 느끼기도 한다.

작은 글자는 수줍음과 열등감을 의미하며 큰 글자는 돈과 노력, 시간의 낭비를 의미한다. 물질적, 본능적, 몽환적 등이 나타날 수 있다.

Readability Length Speed Pressure Angle Zone Size Slant Spacing Margin

18) 큰 하단 여백

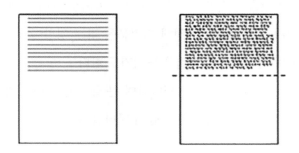

특징

큰 하단 여백은 작성자가 미래 지향적으로 사고함을 나타낸다. 이들은 현실의 제약에 얽매이지 않고, 더 나은 세계를 꿈꾸며 높은 이상을 열망한다. 사회적 문제나 개인적 목표에 비판적인 시각을 갖고 변화를 추구하는 경향이 강하다.

분석 기준

글자가 위로 치우쳐 아래에 과도한 여백을 관찰한다(지상 3층 이상: 용지 너비의 40% 이상).

해석 방법

강박적, 완벽주의적이다. 작은 우월, 큰 열등감을 보이며 다음 일에 조바심이 있다. 기획력으로 비전을 제시하지만 과도하게 추상적이며, 창의적으로 문제를 해결하지만 구체적 실행과 지속성이 부족하기도 하다. 정서적 지능과 친밀감의 욕구, 약속시간 매너가 있다. 호기심이 있고 종교에 심하게 치우칠 수도 있다.

10. 손 글씨 여백의 19~30가지 유형

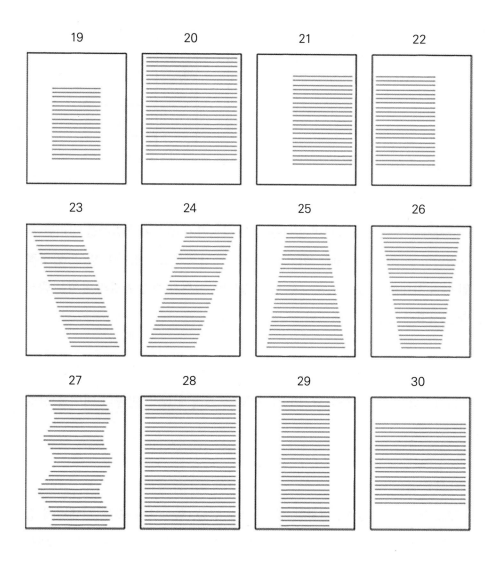

19) 상하좌우 여백이 큼

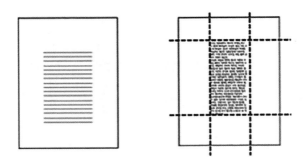

특징

글자가 가운데로 집중되어 있다는 것은 작성자가 생각이나 감정을 정리한 후 표현한다는 것을 나타낸다. 이러한 필체는 시각적으로 안정감이 있고, 안정적인 심리 상태를 반영한다. 중심을 잡고 있으며, 자신과 주변 환경의 균형을 중시하는 경향이 있음을 의미한다.

분석 기준

글자가 중앙으로 모여 위, 아래, 왼쪽, 오른쪽에 많은 비중의 여백을 관찰한다.

해석 방법

구조적 사고, 신중함, 명확한 정의, 타깃 집중, 확산보다 축소, 디테일에 강함, 정밀함, 절약 정신이 나타날 수 있다. 창의력 부재, 고뇌, 좌절, 억제, 의사소통의 한계, 고립 내향성, 아는 사람들끼리만 교류하는 모습도 보일 수 있다.

20) 적은 하단 여백

특징

이러한 여백은 이상적 목표 지향과 추상적 사고 능력을 갖추고 있다. 15%의 하단 여백을 가진 이들은 구체적인 세부 사항보다 넓은 관점에서 사물을 바라보는 경향이 있다. 복잡한 주제를 다룰 때도 전체적인 맥락을 중시하며, 다양한 아이디어를 자유롭게 결합하여 새로운 관점을 창출하는 능력이 있다.

위로 올라간 글씨는 감정적으로 풍부하고, 표현력이 대단히 뛰어난 사람들을 나타낸다. 이들은 자신의 감정과 생각을 잘 표현하며, 감정적 연결을 중시하여 타인과의 관계에서 깊은 유대감을 형성하려고 한다.

분석 기준

글자가 위에 위치하고 아래 여백이 용지 대비 15% 이하의 적거나 없음을 관찰한다(지상 2층).

혁신적인 창의성, 리더십, 기획 능력, 예술성을 보인다. 자제력이 있고 시간 관리를 잘한다. 다른 측면으로는 세부 사항에 대한 경각심이 부족하고 타인의 의견을 수용하는 것과 논리적 연관성에 어려움을 겪는다. 미래에 대한 과도한 희망으로 게으르거나, 편안함을 느낌 등이 나타날 수 있다.

21) 글자가 오른쪽 가운데로 뭉친(좌, 상, 하) 여백

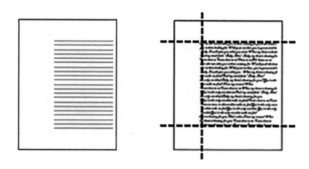

특징

글자가 우측으로 몰려 좌측에 여백이 존재하는 것은 다른 사람에 대한 배려와 사회적 민감성을 나타낸다. 이들은 제 생각보다 타인의 감정이나 의견을 우선시하며, 안정을 추구하는 특성을 보인다. 오른쪽으로 모인 글자는 이들이 대인관계에서 외향적인 성향을 보이고 있음을 나타낸다.

분석 기준

세 방향에 여백이 보이고 오른쪽 가운데로 글자가 뭉쳐진 모습을 관찰한다.

해석 방법

탁월한 협상 능력 있고 적극적 참여가 예상된다. 자기희생과 감정적 탈진, 비교에 의한 자기 비하, 시간 압박과 조바심을 보일 수 있다. 외향성, 충동성, 경솔함, 미래로 탈출, 우물에서 숭늉 찾기식이 나타날 수 있다.

22) 글자가 왼쪽 가운데로 뭉친(상, 우, 하) 여백

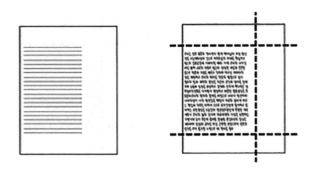

특징

주어진 상황을 신중하게 판단하고 결정하려는 성향을 보인다. 이들은 일상적인 판단 과정이나 의사결정에서 충분한 시간을 두고 사고하며, 직관보다 논리적인 분석으로 결론에 도달하려고 한다. 사회적 민감성과 정서적 안정으로, 감정적인 면에서도 안정된 접근 방식을 취하며 자신과 타인의 감정을 잘 조율하고 스트레스 상황에서도 비교적 차분한 상태를 유지하는 능력을 발휘한다.

분석 기준

세 방향에 여백이 보이고 왼쪽 가운데로 글자가 뭉쳐진 모습을 관찰한다.

해석 방법

공감 능력, 지식 충전 욕구, 강한 디테일과 몰입, 절약 정신을 보인다. 내향성, 억제, 수줍음, 실행에 망설임, 갈등 회피, 정서적 소진, 비교 압박감, 과거로 회귀, 어머니에 대한 애착, 목표 달성 어려움, 조화 불균형이 나타날 수 있다.

23) 사선 글자에 우상, 좌하 여백

특징

대각선으로 기울어진 글씨는 우울감, 불안, 스트레스와 같은 부정적 감정을 나타내는 경우가 많다. 자주 염세적 관점이나 좌절감을 나타낸다. 일정한 거리 감을 느끼며, 자신만의 공간과 시간을 중시하는 경향이 있다. 이는 관계의 불안 정성을 시사하며, 상대방과의 소통이 어려워지거나 위축되는 경향이 있다. 이 러한 필체는 내면의 갈등이나 고민을 나타내기도 한다.

좌우로의 여백은 종종 그들이 심리적 균형을 찾지 못하고 있음을 반영하며, 갈등이 지속적이거나 복잡한 환경에 놓여있음을 시사한다. 이는 자신의 감정이 나 생각을 정리하지 못한 상태를 나타낼 수 있다.

분석 기준

왼쪽에서 오른쪽 대각선으로 내려가는 글자에서 보이는 우 상단, 좌 하단 여 백을 관찰한다.

부정에서 긍정으로, 과거에서 미래로, 축소에서 확대로, 소심함에서 대범함으로 이동하며 도전적인 모습으로 이어질 수 있다. 잠재의식은 내향성이 나타나며 변화 추구 욕구, 갈아타기, 거리감과 고립감, 외로움, 다른 사람과 접촉의 욕구, 내면 갈등, 우울감, 자존감 저하, 결단력 부족, 불균형 조화 등이 예상된다.

24) 사선 글자에 좌상, 우하 여백

특징

하단과 오른쪽 위의 여백은 그들이 자신의 감정과 사고를 되돌아볼 기회를 제공한다. 이는 개인적인 성장이나 발전에 기여할 수 있는 중요한 요소가 된다. 이들은 이러한 자기성찰을 통해 향후의 행동이나 선택을 개선할 수 있는 기반을 마련할 수 있다.

분석 기준

글자가 오른쪽 위에서 왼쪽 아래 사선으로 내려가면서 왼쪽 상단과 오른쪽 아래에 발생하는 여백을 관찰한다.

해석 방법

감정적 직관, 자기반성, 도전 포기, 갈등 회피, 두려움, 결정적 행동 부족, 가정 억압을 보인다. 타인과 멀리하려는 성향이며 사회에서 가족원으로, 확대에서 축소로, 미래에서 과거로의 변화를 추구한다. 잠재의식은 외향성이 나타난다.

25) 사다리꼴 여백

특징

　상단의 좁은 부분은 그들이 상위 목표나 추구하는 가치들이 좁고 제한적이라는 느낌을 나타낼 수 있으며, 이는 자아의식이 외부에서 오는 압력을 느끼고 있다는 것을 의미할 수 있다. 반면 하단이 넓어지는 것은 이들이 스스로 감정이나 생각을 더 많이 외부로 표현하고자 하는 욕구를 나타낸다. 상단의 넓은 여백은 이들이 다른 사람과의 접촉에서 약간의 거리감을 두려는 경향을 나타낸다. 이는 대인관계에서 자신을 보호하려는 심리적 방어 기제로 이해될 수 있다. 반대로 하단의 좁은 여백은 이들이 타인과의 관계에서 느끼는 불안감이나 긴장을 반영한다.

　이들은 사람들과의 만남에서 미세한 경계를 두고 있으며, 이런 거리감은 대인관계의 깊이를 제한할 수 있다. 실제 상황에서는 자신감을 잃거나 불안정한 상태를 겪고 있음을 나타낸다. 위쪽의 좁은 부분은 목표 지향적이고, 아래쪽의 넓은 부분은 감정적으로 확장된 부분을 보여주기 때문에, 이들은 자주 진취적이지만 동시에 자신이 안정감을 느끼지 못하는 갈등 상황에 놓일 수 있다.

분석 기준

글자가 아래로 내려가면서 상단 좌우 여백이 넓게 보이고 하단 좌우 여백이 좁은 모양을 관찰한다.

해석 방법

분석적으로 사고하며, 복잡한 상황을 다루는 능력이 있을 수 있다. 축소에서 확대로, 집중에서 완화로, 소심에서 대범함으로 변화를 추구하는 모습 등이 나타날 수 있다. 소극적이었던 생각과 활동이 적극적으로 변화하면서 희망 신호를 보이고, 미래지향적인 행동 변화를 이끌 수 있다.

26) 역사다리꼴 여백

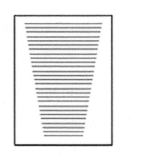

특징

이와 같은 글씨는 특정한 상황이나 개인의 경험에 따라 달라질 수 있다. 예를 들어 사회적 상황에 따라 작성자가 겪는 스트레스나 압박감이 클 경우, 상단 여백이 더욱 좁아지거나 하단 여백이 더 넓어지는 경향이 있을 수 있다. 이러한 변화는 작성자가 사회적 기대나 요구에 어떻게 반응하는지를 반영하기 때문에 중요하다.

분석 기준

상단 여백이 좁고 하단 여백이 넓음을 관찰한다.

해석 방법

상호 작용의 유연성, 감정 정리, 외부 압박 회피를 보이기도 한다. 내면 공간을 중시하는 경향이 있다. 확장에서 축소로, 대범함에서 소심함으로 변화를 추구하는 모습 등이 나타날 수 있다.

27) 출렁이는 여백

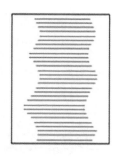 

특징

물결 모양 여백은 작성자가 느끼는 감정의 기복을 드러내는 요소로 해석될 수 있다. 이처럼 감정 변화가 나타나는 것은 대인관계에서 느끼는 긴장감, 흥분, 또는 불안 등이 요인으로 작용하는 경우가 많다. 물결치는 여백은 작성자의 창의성을 강조해 전통적인 형식에 얽매이지 않고 자신만의 방식을 찾으려는 노력을 보여주며, 타인과의 관계에서 느끼는 배려가 여백의 변화로 드러난다.

분석 기준

글자가 아래로 내려오면서 출렁이듯 좌우로 여백이 보이는 모습을 관찰한다.

해석 방법

주목 끌기, 개성, 창의성, 독특함, 감정의 유연성과 변동성을 보인다. 연결 욕구와 단절 욕구가 혼재될 수 있다. 감정 이입, 정서적 불안정, 양가감정, 목표 달성의 어려움, 기획과 행동 마무리에 문제 등이 나타날 수 있다.

28) 무 여백

특징

여백 없이 글을 쓴다는 것은 제 생각이나 감정을 이야기하고자 하는 욕구가 강하다고 볼 수 있다. 글을 가득 채우는 것은 고집스러움과 완벽주의 성향을 나타낼 수 있다.

여백이 없는 경우는 작성자가 정신적 압박감을 느끼고 있거나, 자신의 생각을 다 표현하지 않으면 불안해하는 경향을 나타낼 수 있다. 이는 작성자가 주변 환경이나 대인관계에서 느끼는 스트레스, 불안, 또는 소외감을 반영할 수 있으며, 그로 인해 글씨가 가득 차는 결과로 이어질 수 있다.

분석 기준

글자가 너무 커서 제시된 종이에서 벗어날 정도로 꽉 채워진 모습을 관찰한다.

해석 방법

세상을 다 가져도 모자라다고 느낀다. 목표 지향적이며 성과주의일 수 있다. 주도적 성향으로 강한 표현력과 명확한 메시지 전달력을 보인다. 이기적이거나 자기 과시, 권리 침해, 무지, 정보 과부하, 인지 부조화 등이 나타날 수 있다.

Readability Length Speed Pressure Angle Zone Size Slant Spacing Margin

29) 좌우 여백

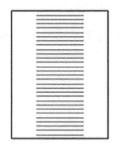 

특징

상하 여백이 없는 글은 작성자가 생각을 즉각적으로 기록하고 표현하고자 한다. 이러한 자세는 작성자가 정보를 정리하는 데 있어 높은 수준의 심리적 조직성과 질서를 중시함을 나타낸다. 단기적인 반응을 중요시하며 그 순간의 지각을 강조하려는 경향을 보인다. 이는 작성자가 현재 상황에 민감하게 반응하고 있으며, 과거의 경험보다는 현재의 감정이나 생각을 선호한다는 것을 시사한다.

분석 기준

글씨가 가운데로 몰려 상하 여백 없이 좌우 여백이 발생하는 모습을 관찰한다.

해석 방법

본인의 주관적 생각에만 집중해 좌우를 보지 못하고 상하만 인식하며 의사소통이 약화되는 경향이 있다. 충동성, 즉각적 생각 기록, 간결한 전달, 현재를 중시하는 모습이 나타날 수 있다.

30) 상하 여백

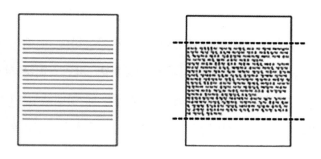

특징

자신의 감정이나 아이디어를 깊이 고민하기보다는 즉각적으로 표현하는 스타일을 선호하게 되며, 이는 작성자가 순간적인 상황이나 감정에 더 민감하게 반응하고 있음을 반영한다. 상하 여백이 있다는 것은 작성자가 자기 내면을 서술하는 데 사회적 상호작용보다 개인적인 감정 표현을 우선시하는 경향이 있을 수 있음을 시사한다.

분석 기준

글씨가 가로로 길어져 상하 여백이 발생하는 모습을 관찰한다.

해석 방법

즉각적 표현 스타일로, 순간 상황에 민감하고 빠른 사고력을 보이며 독창적 표현이 가능하다. 판단력이 불확실하고 생각 연결의 어려움을 겪기도 한다. 대중 의견이나 논평에 관심이 없으며, 상하를 보지 못하고 좌우만 인식할 수 있다.

11. 결론

서명과 필적 분석에서 여백은 작성자의 의도를 파악하는 중요한 요소로 작용하며, 그 크기와 구조에 따라 수많은 해석이 가능하다. 여백이 적절하게 배치된 글씨는 독자에게 명확한 메시지를 전달하며, 자연스러운 시각적 흐름을 만들어 독자의 이해를 돕는다. 그러므로 분석할 때 여백을 깊이 이해하고 주의 깊게 살펴보는 것은 필적의 의미를 해석하고, 작성자의 심리를 추론하는 데 있어서 매우 중요한 과정이다.

요약하자면, 여백은 비단 공간적 요소에 그치지 않고 글쓴이의 감정과 성향, 메시지의 전달 방식에도 큰 영향을 미치는 중요한 요소다. 이를 통해 우리는 손 글씨가 전달하고자 하는 숨은 의미를 발견할 수 있게 된다.

제2장

Spacing

간격으로 분석한다

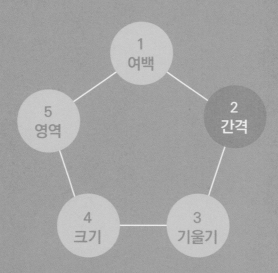

간격이란?

　문장과 문장 사이의 간격, 구간 사이 간격, 글자와 글자 사이의 간격, 자음과 모음 받침 간 간격 등을 말한다. 사회적, 개인적 안전거리라고도 하며 간격이 넓으면 여유가 있고 좁으면 고고함을 나타낸다.

　이 장에서는 서명과 손 글씨에서 문장 간격, 구간 간격, 글자 간격을 분석하는 방법에 관해 설명한다. 각 요소는 작성자의 성향, 감정 상태, 그리고 읽는 사람에게 주는 인지적 영향을 반영하기 때문에 이를 종합적으로 이해하는 것이 중요하다.

1. 문장 간격

문장 간격은 각 줄 사이의 수직적 공간을 말한다. 간격이 너무 좁으면 글이 답답하게 느껴질 수 있으며, 독자가 읽는 데 어려움을 겪을 수 있다. 반면에 여백이 크면 시각적으로 편안하지만, 지나치게 넓을 경우 연결된 텍스트의 흐름이 끊어지기 쉽다. 이를 분석하는 방법은 다음과 같다.

비교 측정

같은 글씨체에서 상하 문장 간격을 설정하여 이에 따른 가독성을 평가한다. 일반적인 문서에서는 글자 크기 대비 1.5배에서 2배 간격이 권장된다.

배치 일관성

모든 문장에서 문장 간격이 어떻게 유지되고 있는지를 관찰한다. 특정 문장에서 간격이 불일치하면 작성자의 주의력 또는 집중력 부족을 시사할 수 있다.

적당한 문장과 문장 간격의 기준

일반적인 기준
- 문장의 세로 행 간격은 글자 크기의 1.5배~2배
- 예: 글자 크기가 12pt라면, 세로 행 간격은 18pt~24pt 정도가 적절하다.

공식 문서 또는 인쇄물
- 더 넓은 간격을 사용하여 가독성을 높일 수 있다.
- 글자 크기의 2배~2.5배를 권장한다.

손 글씨

  손 글씨의 경우, 글자 크기의 1.0배~1.5배 정도가 자연스러운 간격이다. 하지만 노트에 가로선이 있는 경우는 다르다는 것을 참고해야 한다.

1) 넓은 문장 간격

특징

넓은 간격은 독립적이고 자율적인 성향을 나타낸다. 이런 사람들은 타인과 거리를 두는 것을 선호하며, 자기 공간을 중요시한다. 사고가 체계적이고 논리적임을 의미한다. 이런 사람들은 상황을 객관적으로 바라보고, 결정을 내릴 때 신중하다. 사회적 상호작용에서 거리를 두는 경향이 있으며, 사생활을 중요시하고 깊은 관계를 맺기 전에 시간을 갖는다. 감정 표현에서도 거리를 두는 경향이 있으며, 감정보다는 이성적으로 행동한다.

분석 기준

문장과 문장 사이에 글자 하나 보다 1.5배 이상 넓을 경우의 모습을 관찰한다.

해석 방법

계획적이고 논리적인 성향이며, 차분하고 여유가 있을 수 있다. 외향적, 도전적, 적극적, 지배적이며 욕심이 많고 크게 생각한다. 디테일에 약하고 책임을 회피하거나 잘못을 타인에게 전가하는 모습 등이 나타날 수 있다.

2) 적당한 문장 간격

따뜻한 가슴과 열정으로
사람사는 사회를 구현하기 위해
무한한 경의를 표하는 바입니다.

국민을 섬기며
선진 일류 국가를 만드는데
온몸을 바치겠습니다.

특징

적당한 간격은 글쓴이가 자신감 있고 안정된 심리적 상태에 있다는 신호일 수 있다. 독자가 각 문장을 연결 짓고 이해하기 쉽게 하여 구조적인 사고를 돕는다. 이처럼 글의 흐름이 매끄럽고 논리적일수록 내용 전달의 효과가 높아질 수 있다. 문장 간격이 적절하면 독자는 글을 읽는 데 편안함을 느끼고, 정보 습득이 원활해진다.

분석 기준

글자 크기 대비 문장과 문장 사이가 너무 넓거나 좁지 않은 것을 관찰한다 (글자 대비 1.0배~1.5배 정도).

해석 방법

정서적 안정과 자신감이 있다. 현실적, 객관적, 균형적이며 논리적으로 사고하고 자제력이 있어 규범을 준수한다. 표현력이 높고, 책임 있는 행동을 하지만 지나친 정돈감, 변화에 저항, 창의성 제약, 지루함 등이 나타날 수 있다.

3) 좁은 문장 간격

특징

문장 간격이 좁은 사람은 대개 내향적이며 소심한 경향이 강하다. 자신의 감정을 드러내기를 주저하며, 사회적 불안감을 느끼거나 다른 사람들과의 상호작용에 있어 소극적일 수 있다. 반면 주의력이 높고, 분석적 사고를 선호하는 사람에게 나타나는 경향이 있다. 더 많은 압박감이 느껴지는 좁은 필체는 급한 성향과 결부되어 빠른 결정을 내리려 일부러 자신을 압박하기도 한다.

분석 기준

글자 크기 대비 문장과 문장 사이가 좁은 것을 관찰한다(글자 대비 1.0배 이하일 때).

해석 방법

주의집중력, 관찰력, 분석적 사고, 세밀함, 민감함, 내향적, 자제력이 있을 수 있고 감정 표현 자제, 인간관계 중요시, 스트레스, 정서적 소외, 디테일에 강함, 혼자서 실력 향상하는 모습 등이 보일 수 있다.

2. 구(句) 간격

구간 간격은 단락 간의 수평적 여백을 의미한다. 단락 간의 간격이 너무 좁으면 내용이 섞여 보일 수 있으며, 사고의 흐름을 방해할 수 있다. 이상적 구간 간격은 독자가 자연스럽게 내용을 구분할 수 있도록 돕는다.

단락 구조 평가

각 단락의 간격이 일관되게 유지되는지를 확인한다. 간격이 고르지 않으면 문서의 조직성과 일관성이 떨어질 수 있다.

분석 기준

글자 크기 대비 문장과 문장 사이가 좁은 것을 관찰한다(글자 크기 대비 1.0 배 이하일 때).

관계 분석

구간 간격이 너무 넓거나 좁을 때 독자가 내용의 관계를 어떻게 느끼는지를 평가한다. 과도한 간격은 정보의 단절을 느끼게 하고, 부족한 간격은 복잡함을 초래할 수 있다.

적당한 문장과 문장 간격의 기준

글자의 띄어쓰기 간격은 일반적으로 다음과 같은 기준을 참고할 수 있다.

영문 글꼴

- 영문의 경우, 띄어쓰기 간격은 글자 너비의 25%~30%가 적당하다.
- 예: 글자 너비가 10pt라면, 띄어쓰기 간격은 2.5pt~3pt 정도가 적절하다.

한글 글꼴

- 한글은 영문보다 조금 더 넓은 간격이 필요하다. 일반적으로 글자 너비의 30%~40% 를 권장한다.
- 예: 글자 너비가 10pt라면, 띄어쓰기 간격은 3pt~4pt 정도가 적절하다.

편집과 디자인

- 문서나 디자인 작업에서는 글꼴의 종류, 크기, 용도에 따라 간격을 조정할 수 있다.
- 예: 제목이나 강조 문구는 더 넓은 간격을 사용할 수 있다.

일반적인 기준

- 대부분 띄어쓰기 간격은 글자 크기의 1/4~1/3 정도로 설정하면 가독성이 좋다.

예시

- 글자 크기가 12pt라면, 띄어쓰기 간격은 3pt~4pt 정도가 적당하다.
- 이는 약 1mm~1.4mm에 해당한다.

1) 넓은 구(句) 간격

이런 . 요찬 문제로 인하여   합정옥 —— 곰탕파

나의 생각이 흔들리는 것은   같은 —— 진짜 바른

아직도 나의 공부가 부족   나라 —— 만든것습니다

특징

구 간격이 넓은 사람은 대개 외향적이며 사회성을 지닌 경향이 있다. 이들은 새로운 사람들과의 만남을 즐기고, 다양한 사회적 상황에서 활발하게 참여한다. 넓은 구 간격은 창의적이고 자유로운 사고의 상징으로, 이들은 기존의 규칙과 한계에 얽매이지 않고 새로운 관점을 제시하는 데 능하다. 문제 해결 시 경직된 사고보다 유연한 접근으로 독창적이고 혁신적인 아이디어를 고안할 가능성이 크다.

분석 기준

자간 대비 구간 간격이 넓은 모습을 관찰한다(글자 너비의 40~60%보다 넓을 때).

해석 방법

여유, 일부에게 관대함, 사교성, 자유로운 사고, 한계에 얽매이지 않음, 적극적 표현, 의사소통 원활, 사회적 지지 네트워크, 대중 의존 성향이 있으며 이면적으로 타인 무관심, 본인만 생각하는 양면성이 드러날 수 있다.

2) 적당한 구(句) 간격

특징

적당한 간격의 필체는 이들이 전반적으로 균형 잡힌 성격임을 반영한다. 비판적인 상황에서도 과도하게 반응하기보다는 상황을 잘 분석하고 차분한 자세를 유지한다. 타인과의 관계를 중시하며, 자신의 의견을 드러내면서도 상대방의 의견도 존중하는 경향이 있다. 이들은 대화 중 상대방의 의견을 경청하고 반영하며, 다양한 관점을 이해하고 문제 해결에 유연한 접근 방식을 보인다.

분석 기준

자간 대비 구간 간격이 적당한 모습을 관찰한다(글자 너비의 30~40% 정도일 때).

해석 방법

균형적, 객관적, 현실적이며 보편적 사고를 할 수 있다. 자신감과 유연한 사고로 무리하지 않고 자신을 잘 컨트롤하며 안정감, 높은 신뢰성, 중재 역할이 예상된다. 평균에 의존적이며 갈등 회피, 변화에 저항 등을 보일 수 있다.

3) 좁은 구(句) 간격

특징

이러한 사람들은 외향적인 사람들에 비해 자신을 드러내고 의견을 표현하는 데에 주저할 수 있으며, 타인의 생각이나 평가에 민감하게 반응하는 경향이 있다. 이들은 대화나 사회적 상호작용에서 소극적으로 행동할 수 있다. 좁은 간격으로 글씨를 쓰는 사람들은 제 생각이나 작업에 대한 높은 집중력을 가지고 있고, 세밀한 작업에서 두드러지며 정보나 세부 사항을 정교하게 처리하는 능력이 있다. 이들은 종종 보수적이고 전통을 중시하는 경향이 있다.

분석 기준

자간 대비 구간 간격이 좁음을 관찰한다(글자 너비의 30% 이하일 때).

해석 방법

치밀하고 세심하며 민감하다. 거리감, 깊이 있는 관계, 보수적, 집중력이 예상되고 사람 간 갈등, 스트레스, 약한 자존감, 자기기만, 감정 소진, 소통 약화로 이어질 수 있다.

3. 자 간격

글자 간격은 각 글자 사이의 수평적 공간을 말한다. 이는 글의 가독성과 미적 감각에 직접적인 영향을 준다. 글자 간격이 좁으면 독자가 혼란을 느낄 수 있고, 너무 넓으면 비효율적이다.

글자 사이를 측정

각 글자가 다른 글자와 얼마나 떨어져 있는지를 수치로 측정하여 적절한 간격을 결정한다. 일반적으로 1~2pt의 간격이 권장된다(1pt는 0.353mm).

패턴 분석

글자 간격이 일정한 패턴을 따르는지를 살펴보고, 간격이 불규칙적으로 변하는 경우 작성자의 정서적 불안정성을 나타낼 수 있다.

적당한 문장과 문장 간격의 기준

영문

- 글자 간격은 글자 너비의 10%~20% 정도가 적당하다.
- 예: 글자 너비가 10pt라면, 글자 간격은 1pt~2pt 정도가 적절하다.

한글

- 한글은 영문보다 글자 간격을 조금 더 넓게 두는 것이 일반적이다.
- 글자 너비의 20%~30% 정도를 권장한다.
- 예: 글자 너비가 10pt라면, 글자 간격은 2pt~3pt 정도가 적절하다.

1) 넓은 자 간격

문ㅐ재 인
HONAL'ĐO

story
Anthony
sincerly

특징

자간이 넓은 글씨체를 가진 사람들은 대개 개방적이고 솔직한 성격을 지니고 있다. 이들은 자신의 감정과 생각을 쉽게 표현하며, 다른 사람들과 원활한 대화를 할 수 있는 능력이 뛰어나다. 타인에게 관대하며 갈등을 줄이고 건강한 관계를 형성하는 데 중요한 역할을 한다. 자간이 넓은 글씨체는 개인의 자기 계발과 자율성을 중시하는 경향을 보인다.

분석 기준

자간이 넓은 모습을 관찰한다. 글자 폭의 10%~20%보다 넓다.

해석 방법

지배적, 리더십, 여유, 관대함, 높은 개방성, 대인관계 유연, 스트레스 감소, 풍부한 감정 표현이 나타날 수 있다. 타인 의식 배제, 경청 부족, 디테일 부족, 결정 지연, 과도한 개방, 자주성 결여가 있을 수 있다.

정치인들은 글씨 연습을 하니 평소에 쓰는 글씨를 관찰한다.

2) 적당한 자 간격

너는 깃털이 가벼워서
내게 업혀도
혹여나 바람불면

국민으로부터 받은 권한
국민께 돌려드리기 위하여
법무부 혁신과 개혁을

특징

자간이 적절한 사람은 대인관계에서 조화성을 추구한다. 이들은 가족관계에서 서로를 존중하고, 각자의 개성을 충분히 인정하는 경향이 있다. 상대방이 편안함을 느끼고 긴장감을 줄이도록 도우며, 자신의 의견을 표현하면서도 상대방의 목소리를 잘 경청한다. 이런 소통 능력은 갈등을 예방한다. 갈등 상황에서도 감정을 조절하고 차분한 태도로 대처할 수 있는 능력을 지니고 있어, 가족 내 긍정적인 분위기를 유지하도록 한다.

분석 기준

글자의 크기 대비 자간이 적당한지 관찰한다(글자 너비의 10%~20% 정도).

해석 방법

현실적, 객관적, 조화로운 관계 형성, 의사소통 원활, 관계 중심성과 안정성, 적절한 표현, 문제 해결 능력이 있다고 본다. 변화에 대한 저항, 갈등 회피, 의사결정 지연, 감정의 과소 표출 등이 예상된다.

3) 좁은 자 간격

아련 소소한 손제로
인하여 나의 생략이
아직도 굉략가 부족하여

특징

자간이 좁은 경우, 개인은 감정적으로 매우 긴밀한 관계를 유지하려는 경향이 있다. 이들은 가족 간의 유대감을 중요시하며 자주 감정을 공유하려고 한다. 서로 대화를 자주 하고 의견을 나누는 빈도가 높다. 이는 안정적인 정서적 지지 기반을 형성하는 데 기여하지만, 경계가 모호해지거나 지나치게 의존적인 관계가 형성될 수 있다.

분석 기준

글자의 크기 대비 자간이 좁은지 관찰한다. 글자 폭의 10~20%보다 좁다.

해석 방법

치밀하고 계산적이며 절약한다. 인간관계를 중시하며 긴밀한 관계, 강한 유대감, 정서적 지지 제공이 있어야 한다. 과도한 의존성으로 독립성 약화, 사회적 관계 약화, 관계 모호성, 인적 스트레스, 지나친 감정적 부담, 감정 표현 자제 등이 나타날 수 있다.

4. 자음과 모음 받침 간격

한글 텍스트를 분석할 때 자음과 모음, 받침 간의 간격은 작성자의 성향과 문서의 가독성에 중요한 역할을 한다. 이러한 요소들을 체계적으로 분석하는 방법에 관해 설명한다.

획일성 확인

받침이 있을 경우, 받침과 그 앞의 모음 또는 자음과의 간격도 측정해야 한다. 받침은 일반적으로 자음보다 크기가 작게 보이며, 적절한 간격을 유지하는 것이 중요하다. 너무 넓거나 좁은 간격은 개인 성향에 영향을 미칠 수 있다.

조화로운 배열

받침이 들어가면서 전체 글자의 미적 균형을 유지할 수 있도록 간격을 조절한다.

간격 측정

자음과 모음 간의 간격을 측정한다. 글자의 형태를 기준으로 자음과 모음이 결합된 부분을 통해 간격을 평가할 수 있다. 일반적으로 자음과 모음 사이의 간격은 일정해야 하며, 이는 일반적으로 약간의 여백을 두고 유지된다. 이 간격이 너무 좁거나 넓으면 읽기 어려울 수 있다.

1) 자음과 모음 받침 사이 넓은 간격

ㅗ님이라는
나 찾아 봐

특징

자음과 모음의 넓은 간격은 일반적으로 작성자가 자신의 감정을 잘 표현하고 사회적 상호작용에서 도전적인 태도를 보인다는 신호다. 필적학의 관점에서, 이들은 대개 미래 지향성을 선호하며 타인과의 관계에서 적극적인 소통을 원하는 경향이 있다.

분석 기준

자음과 모음 받침 사이 간격이 넓은 모습을 관찰한다(글자 폭의 10%보다 넓다).

해석 방법

지배적, 리더십, 여유, 관대함, 높은 개방성, 대인관계 유연, 스트레스 감소, 감정 표현 등이 풍부하다고 본다. 한편으로는 타인 의식 배제, 경청 부족, 디테일 부족, 결정 지연, 과도한 개방, 자주성 결여 등이 예상된다.

2) 자음과 모음 받침 사이 적당한 간격

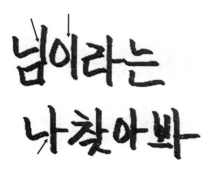

분석 기준

자음과 모음 받침 간격이 적당한지를 관찰한다(글자 폭의 10% 정도).

해석 방법

현실적, 객관적이다. 적절한 표현으로 의사소통이 원활하며 조화로운 관계를 형성할 수 있다. 관계 중심성과 안정성, 문제 해결 능력이 있다고 보지만 변화에 대한 저항, 갈등 회피, 의사결정 지연, 감정의 과소 표출 등도 예상된다.

분석 의의

성격 분석: 자음, 모음, 받침 간의 간격은 작성자의 성격을 반영하는 요소 중 하나이다. 예를 들어 자음과 모음 간의 간격이 좁을 경우는 내향적인 성향을 나타낼 수 있으며, 넓을 경우는 개방적인 성향을 시사할 수 있다.

가독성 향상: 가독성을 높이기 위해 적절한 간격을 유지하면 독자에게 좋지 않은 인상을 줄 수 있는 요인을 줄이고, 정보 전달을 원활하게 한다.

3) 자음과 모음 받침 사이 좁은 간격

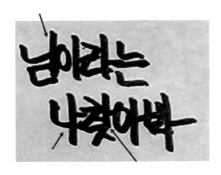

분석 기준

자음과 모음 받침 간격이 좁음을 관찰한다(글자 너비의 10% 미만의 좁음을 관찰).

해석 방법

치밀하고 계산적이며 절약한다. 인간관계를 중시해 긴밀한 관계, 강한 유대감, 정서적 지지 제공이 가능하지만 과도한 의존성으로 독립성 약화가 나타날수 있으며 사회적 관계 약화, 관계 모호성, 사람 간 스트레스, 지나친 감정적부담, 감정 표현 자제가 예상된다.

종합적 접근

비교 분석: 여러 개의 서체나 스타일로 작성된 한글 샘플을 비교하여 자음과 모음, 받침 간의 간격이 독자의 이해도와 가독성에 어떤 영향을 미치는지확인한다.

4) 자음과 모음 받침 간격 예시

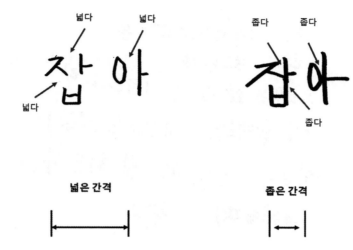

넓은 간격

좁은 간격

글자 간격, 자음과 모음 간격, 받침 간격을 잘 살펴서 서명이나 손 글씨를 쓰는 사람의 성향을 파악하는 데 유용하게 활용한다.

5) 불규칙한 간격

아파트가 대세인대한민국은
충간소음 공화국이다.
아이우는 소리대비 물 내리는 소리
구를 글래스를 끼지않아도 위층의
일상이 눈앞에 펼쳐진다.

아래층은 명명히   힘들고

분석 기준

문자, 구간, 자간, 자음과 모음 간 간격이 글자 대비 불규칙한 것을 관찰한다.

해석 방법

변화 민감성, 창의적 사고, 다양한 시각 등이 있다고 본다. 과도한 완벽주의이면서 과제 설정 불분명, 시간 압박 등이 예상된다. 경계가 불확실하며 예측 불가해 정체성 혼란과 정서적·감정적 불안을 겪거나 소통에 어려움이 있을 수 있다.

5. 결론

손 글씨에서 문장과 구, 글자 사이의 간격이 불규칙하다는 것은 해당 개인의 감정적 불안정성과 대인관계의 혼란, 자기 관리의 어려움을 반영하는 중요한 지표다. 이러한 분석은 단순한 필체의 관찰을 넘어서, 개인의 심리 상태와 정체성을 더욱 깊이 이해할 기회를 제공할 수 있다.

종합적 접근

글쓴이의 연령, 교육 수준, 직업, 문화적 배경 등도 간격에 영향을 미칠 수 있으니 분석하는 데 참고하면 좋겠다.

제3장

Slant
기울기로 분석한다

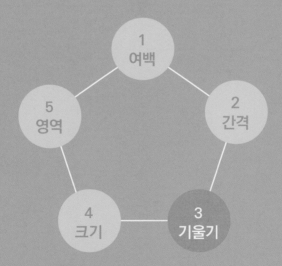

1. 글자 기울기

손 글씨 분석에서 글자의 기울기, 즉 좌측이나 우측으로 기울어지는 현상은 그 개인의 성격과 심리적 상태를 반영하는 중요한 지표로 분석된다. 이러한 기울기는 작성자의 감정과 생각의 표현일 뿐만 아니라, 그들의 행동 양식과 사회적 태도를 이해하는 데 도움을 준다.

좌측 기울기

손 글씨가 좌측으로 기울어질 경우, 이는 대개 내향적이고 감성적인 성향을 나타낸다고 여겨진다. 이러한 기울기가 있는 글씨는 종종 자신의 감정을 숨기거나 대중으로부터 거리를 두려는 경향을 반영할 수 있다. 즉, 자신의 생각이나 감정을 드러내기 어려워하는 사람들에게서 나타나는 경우가 많다.

수직

글씨가 수직에 가까울 경우, 이는 안정적이고 신뢰할 수 있는 성향을 나타내며, 대체로 감정적으로 평온한 상태에 있는 경우가 많다. 이들은 이성적이고 조직적인 성향을 지닌 사람들일 가능성이 높다.

우측 기울기

글씨가 우측으로 기울어지는 것은 개방적이고 사교적인 성격을 반영한다. 이러한 기울기가 있는 사람들은 타인과의 소통에 적극적이며, 일반적으로 외향적인 성향을 띤다. 이러한 기울기는 자신감을 드러내는 신호로 해석되기도 한다.

위험한 기울기1: 극 우상향

불안정한 감정 상태로, 충동적이고 참을성이 부족할 수 있다.

위험한 기울기2: 극 우하향

서명이나 문장이 끝에서 급격하게 우하향하는 경우는 위험한 징후를 나타낸다. 또한 정제되지 않거나 통제되지 못한 격한 기울기를 위험 신호로 본다.

혼재된 기울기

글자 기울기가 좌우로 섞여 있는 글씨는 충동적임을 의미한다. 자유로운 영혼일 수 있다는 장점도 있지만, 정제되지 않은 기울기는 예측 불가능하고 신뢰도가 떨어지는 단점이 존재한다.

1) 좌측 기울기

특징

좌측으로 기우는 글씨는 일반적으로 내향적인 성격을 가진 사람에게서 나타난다. 즉, 사람들 사이에서 소극적이며 자신의 의견을 드러내기보다는 대답 대신 경청하는 경향이 있다. 감정적 섬세함, 스트레스와 감정의 표출, 부정적인 자아상 등이 나타난다.

분석 기준

수직에서 글자가 좌측으로 기운 형태를 관찰한다.

해석 방법

감정적으로 섬세하며 감정 표현에 신중하고 서툴다. 깊은 성찰 능력이 있으며 치밀하고 디테일에 강하다. 에너지 축적과 절약 정신이 예상된다. 소극적이며 나서기를 자제하고 스트레스, 부정적 자아상을 보일 수 있다. 목표가 낮고, 목표 달성에 어려움을 겪을 수 있다.

2) 수직

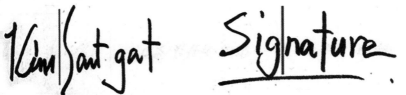

특징

수직 필체를 가진 사람들은 안정적인 성격이며, 대체로 특정한 목표를 향해 꾸준히 나아가는 경향이 강하다. 감정적인 상황에서도 흔들림 없이 결정을 내리는 경우가 많으며, 자신의 마음을 잘 다스리고 차분한 판단력을 유지한다. 직관적이고 체계적인 사고방식을 반영하며, 계획적이고 조직하는 방법에 능숙하여 업무 수행에서도 체계적인 면모를 보인다. 복잡한 정보를 명확하게 이해하고 가시적으로 표현하는 데 강점이 있다.

분석 기준

글자가 좌우로 기울지 않고 수직으로 있는 모습을 관찰한다.

해석 방법

현실적, 객관적, 안정성, 신뢰성, 자기 규율, 조직적 사고, 범주화와 체계화, 자신 몫은 자기가, 타인 도움도 가능, 현재가 우선일 수 있다. 갈등 회피, 과도한 자기 규제, 다양한 관점과 융통성 부족, 변화에 저항 등이 나타날 수 있다.

3) 우측 기울기

특징

우측으로 기운 글씨는 사람들을 사귀거나 대화하는 데 어려움을 느끼지 않으며, 주위 사람들과의 관계를 끊임없이 발전시키려는 경향이 강하다. 사회적 접촉에서 즐거움을 느끼는 이들은 대개 여러 사람과 쉽게 친해지는 능력을 갖추고 있다. 상황이 좋지 않을 때도 희망을 품고 접근하며, 이러한 긍정적인 태도는 팀워크를 형성할 때 특히 유리하게 작용하고 인내심을 강화할 수 있다. 우측으로 기운 글씨는 문제 해결에도 창의적이고 유연한 접근을 나타낸다.

분석 기준

수직을 기준으로 글자가 우측으로 기우는 형태를 관찰한다.

해석 방법

미래 지향적, 목표 지향적, 도전적이다. 감정 표현이 자유롭고 외향적이며 사회성이 좋을 수 있다. 다른 측면에서는 디테일에 약하며 시간 압박, 충동적, 감정 과잉 표현, 타인 반응에 대한 과민, 기대에 대한 부담이 있을 수 있다.

4) 위험한 기울기1 : 극 우상향

특징

독창적이며 긍정적이고 미래 지향적인 사고방식을 반영한다. 자신의 능력에 대한 확신을 보여주며 높은 목표와 성취욕을 나타내고, 비전을 중시하는 성향을 보인다. 다른 측면으로는 감정 기복이 심하거나 정서적 불안정이 나타날 수도 있다.

분석 기준

글자가 일반적 우상향 각보다 더 급하게 올라간 형태를 관찰한다.

해석 방법

자신감이 과도하다. 자기주장만 하거나 공격적이며 법규를 무시하기도 한다. 극도로 예민하며 시간 압박이 있을 수 있고 디테일에 약할 수 있다. 급격한 우상향 글씨는 위험 신호일 수 있다.

5) 위험한 기울기2: 극 우하향

특징

부정적이거나 우울한 감정 상태를 반영할 수 있다. 신체적 또는 정신적 피로, 에너지 부족을 나타낼 수 있으며 자신 능력에 대한 회의나 낮은 자존감을 보여줄 수 있다. 또한 스트레스나 감정적 부담을 느끼고 있을 가능성이 있다.

분석 기준

상하 기준선을 긋고 우측으로 급격하게 하향하는지를 관찰한다.

해석 방법

에너지 소진, 자신감 결여, 소통 단절, 우울증, 정신적 문제, 자살 증후 등이 있을 수 있다. 급속한 우하향은 위험 신호일 수 있다.

6) 혼재된 기울기

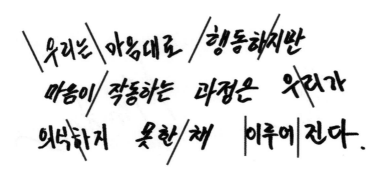

특징

글자의 기울기가 불규칙할 경우 변덕스럽고 예측하기 어려운 성격으로, 집중력이 부족하고 산만한 경향을 보인다. 감정의 기복이 심하거나 정서적으로 불안정해, 결정 내리기를 어려워하거나 자신의 생각과 감정을 명확히 정리하지 못하는 상태를 시사한다. 스트레스, 우울증, 불안과 같은 심리적 상태를 보이며 내적 갈등이나 혼란을 반영할 수 있다. 규칙적이지 않은 글씨는 독창적이고 창의적인 사고를 하는 사람에게서 나타날 수 있으며 전통적인 규범에 얽매이지 않고 자유로운 사고를 하는 성향을 반영할 수 있다.

분석 기준

수직을 기준으로 좌나 우로 기운 것이 복합적으로 나타나는 것을 관찰한다.

해석 방법

자유로운 영혼으로, 구속을 싫어한다. 충동성과 예측 불가가 나타나며 목표 달성에 어려움이 있고 타인 이해가 부족하다.

2. 문장 기울기

1) 우상향 기울기

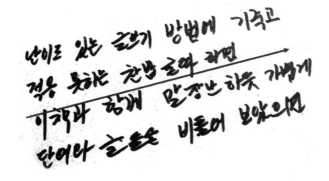

특징

우측으로 기울어진 글씨는 일반적으로 외향적인 성격을 나타낸다. 이러한 사람들은 대인관계에서 적극적이며 새로운 사람들과 만남을 환영한다. 사교적이고 타인과의 상호작용에서 긍정적인 에너지를 발산하며, 팀 환경에서 모든 이들과 어울리기에 능숙하다. 긍정적이고 낙관적인 사고를 보이며 문제 해결에도 긍정적인 접근 방식을 취한다. 이들의 낙관적인 비전은 자신뿐만 아니라 주변인에게도 긍정적인 영향을 미치는 경향이 있다.

분석 기준

수평을 기준으로 문장이 우측으로 올라가는 경우를 관찰한다.

해석 방법

접근 동기, 긍정적, 낙관적, 미래 지향적, 도전적이며 감정 개방성을 보이고 리더십이 있다고 본다. 다른 측면에서는 과도한 자신감으로 자기주장이 강하다. 과소비 성향이 있고 심하면 나르시시스트 성향도 보일 수 있다. 60% 이상의 사람들이 우상향으로 쓴다.

2) 수평

Kim choo Hammer.

글쓰기는 기본 · 화술 마케팅
삶의 자체까지 해결하는 발상에서
비롯어 단헌법을 익히고 창고를 열어보자 .

특징

실용적인 가이드에서는 정보의 명확성이 매우 중요하며, 수평적 문장 구조는 이를 잘 충족한다. 각 문장이 상대적으로 짧고 명료하게 구성되어 있어, 독자가 원하는 정보를 빠르게 찾을 수 있다. 학술적인 글이나 보고서에서는 긴 문장보다 명료하면서 수평적인 문장이 독자의 이해에 더욱 긍정적인 영향을 준다. 각 문장은 주제가 끊어지지 않고 일관되게 흐르며, 쉽게 논리적인 연관성을 인지할 수 있도록 한다.

분석 기준

가로선을 기준으로 문장이 수평인 상태를 관찰한다.

해석 방법

현실적, 객관적, 모범적이며 명확성, 간결성, 조직적 사고가 나타난다. 갈등 회피, 변화에 저항, FM대로여서 지루함, 창의 부족 등이 예상된다.

3) 우하향 기울기

The Rose family
The rose is a rose
And was always a rose
But the theory new goes

특징

글씨가 아래로 쳐진 경우, 작성자가 자신감이 없거나 자신의 의견과 감정을 표현하는 데 주저하고 있을 가능성이 크다. 이는 내성적인 성격을 반영하며, 타인과의 소통에서도 소극적일 수 있다. 필체가 우하향하는 경향은 스트레스, 불안, 우울 등의 감정이 작용하고 있음을 나타낼 수 있다. 사람들은 주위의 비언어적 신호를 통해 타인을 평가하며, 불안정한 글씨체는 상대방에게 신뢰를 주지 못해 대화나 중요한 의사결정에 어려움을 초래할 수 있다.

분석 기준

수평을 기준으로 문장이 우측으로 이동하면서 하향하는 경우를 관찰한다.

해석 방법

에너지가 소진되어 부족하고 자신감을 상실하며 미래를 불안하게 본다. 목표 달성에 어려움, 우울증, 정신적 문제 등이 예상된다. 지원과 격려가 필요하다.

4) 위험한 기울기

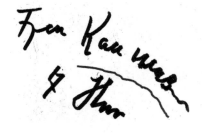

히틀러의 서명

박정희 전 대통령 서명

특징

서명이 급격히 하향하는 것은 신체적·정신적 피로, 에너지 부족을 나타낼 수 있다. 낙담과 우울감을 반영할 수도 있고, 낮은 자존감과 자기 비하의 경향을 보일 수 있다.

서명이나 글자가 우측에서 갑자기 뚝 떨어지는 것은 스트레스나 감정을 표현하지 못하고 내면에 억누르는 경향을 나타낼 수 있다. 서명의 하향은 목표를 이루기 어렵다고 느끼거나 도전을 포기하려는 심리를 반영할 수 있다.

분석 기준

수평을 기준으로 문장이 우측에서 급하게 하향하는 경우를 관찰한다.

해석 방법

에너지가 부족하고 자신감이 상실되어 미래를 불안하게 본다. 목표 달성의 어려움, 우울증, 정신적 문제 등이 있을 수 있다.

5) 휘는 문장

눈길 빙판길에서 브레이크를 확 밟으면 차가 돌아 버린다. 속도를 안줄이면 생명이 줄어든다. 눈오는날

특징

활처럼 휘어진 문장은 유연하고 상황에 잘 적응하는 성격을 나타낼 수 있으며, 변화에 쉽게 대처하고 융통성 있는 사고방식을 가진 사람에게서 나타날 수 있다. 창의적이고 독창적인 사고를 반영할 수 있으며, 전통적인 규범에 얽매이지 않고 자유로운 사고를 하는 경향을 보일 수 있다. 이것은 감정의 자연스러운 흐름을 반영하는데, 정적이고 예술적인 성향을 가진 사람에게서 나타날 수 있다. 반대로 휘어진 문장이 지나치게 불규칙할 경우, 감정의 기복이 심하거나 정서적 불안정을 나타낼 수 있고 감정적 스트레스나 내적 갈등을 반영할 수 있다.

분석 기준

문장의 수평 상태를 확인하고, 활처럼 휘는 현상을 관찰한다.

해석 방법

정서적으로 불안하며 정신적·감정적인 혼돈과 내적 갈등이 예상된다.

6) 혼재된 문장 기울기

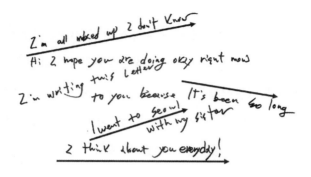

특징

이 사례는 우상향하는 기울기의 장단점과 우하향하는 장단점 모두를 가진다. 이러한 방식은 다양한 감정을 동시에 느낄 수 있게 하여, 글에 대한 몰입도를 크게 높인다. 다른 측면에서는 긍정적인 메시지와 우울한 메시지의 조화를 통해 더 복합적이고 진정한 감정을 경험하게 된다. 이에 따라 자연스럽게 희망과 절망, 성공과 실패를 동시에 느끼게 되며 글의 내용에 대한 깊은 이해를 제공할 수 있다.

분석 기준

문장의 수평 상태를 확인하고 우상향과 우하향, 휘는 현상 등을 관찰한다.

해석 방법

자유로운 영혼으로, 엉뚱한 아이디어가 있을 수 있다. 정서적으로 불안하며 정신적·감정적인 혼돈과 내적 갈등, 통제 불능, 예측 불가가 예상된다.

3. 결론

서명의 기울기는 개인의 심리적 상태와 감정을 반영하는 중요한 지표다. 이를 분석함으로써 우리는 작성자가 내면 깊은 곳에서 어떤 감정을 느끼고 있는지, 어떤 상황에 처해 있는지를 즉각적으로 해석할 수 있다. 이러한 분석은 필적 분석과 같은 심리학적 기법에서 중요한 역할을 하며, 서명을 이용한 다양한 연구나 조사에서 유용한 정보를 제공할 수 있다.

서명과 문장 기울기의 심리적 해석

기울기의 방향

- **우상향 서명**: 일반적으로 사회적이고 외향적인 성격을 나타내며, 작성자가 타인과의 관계를 중요시하고 긍정적인 감정을 드러내고자 함을 시사한다.
- **우하향 서명**: 종종 내향적이고 방어적인 성향을 나타내며, 사람들과의 접촉을 피하고자 하는 경향을 보여줄 수 있다.
- **수평 서명**: 이 경우에는 감정적으로 안정된 상태를 가지고 있으며, 자신감이 있는 경우가 많다.

기울기의 각도와 형태

- 기울기가 극단적으로 심한 경우, 작성자가 자신의 의견이나 감정을 과도하게 표현하고 싶어 하는 심리를 나타낼 수 있다.
- 기울기가 약한 서명은 작성자가 필요한 만큼만 감정을 표현하고자 하는 조절된 모습을 나타낼 수 있다.

일관성과 변화

서명에서 기울기의 일관성이 없는 경우는 작성자의 심리적 불안정성을 의미할 수 있으며, 특히 상황에 따라 기분이 크게 변화하는 경향이 있을 수 있다.

제4장

Size

크기로 분석한다

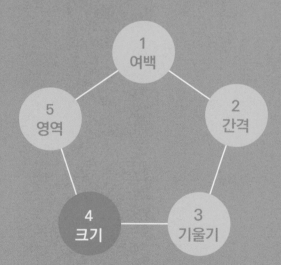

1. 글자 크기

　필적학에서 글자 크기는 중요한 요소로, 글씨체에서 나타나는 성격과 작성자의 심리적 상태를 이해하는 데 도움을 준다. 글자의 크기는 단순히 물리적 치수뿐만 아니라 심리적 경향성이나 개인의 특성을 드러내는 중요한 지표로 작용한다.

글자 크기의 정의와 개념

글자 크기의 중요성

　큰 글씨는 자신감, 외향성, 또는 강한 주장을 나타낼 수 있으며, 작은 글씨는 내향적이고 세심한 성격을 반영할 수 있다. 통계적으로 볼 때, 글자의 크기는 감정적 안정성이나 사회적 상호작용을 나타내는 척도로 사용되기도 한다.

비율과 균형

　적절한 크기와 비율을 갖춘 글씨는 가독성을 높이고, 독자가 내용을 이해하는 데 도움을 줄 수 있다. 예를 들어, 대제목은 본문보다 상대적으로 크고 두껍게 설정됨으로써 독자의 주의를 끌고 내용의 중요성을 강조하게 된다.

에너지 방향

큰 글자   작은 글자

1포인트는 0.35mm

큰 글씨 26pt 이상	큰		글	씨		
중간 글씨 18~24pt	중	간		글	씨	
작은 글씨 16pt 이하	작	은		글	씨	

도서 출판 인쇄 글자 크기

9pt	3.1743	Size
10pt	3.257	Size
11pt	3.8797	Size
12pt	4.2324	Size

작은 손 글씨 크기

14pt	4.9378	Size
15pt	5.2905	Size
16pt	5.6432	Size

중간 손 글씨 크기

18pt	6.3486	Size
20pt	7.054	Size
24pt	8.4648	Size

큰 손 글씨 26pt 이상

28pt	9.8756	Size
32pt	11.286	Size

큰 크기

Signature

적당한 크기

Signature

작은 크기

Signature

불규칙한 크기

1) 큰 크기

특징

큰 서명은 외향적이고 사교적인 성격을 나타낸다. 이러한 사람은 대인관계를 즐기며 사람들과의 교류에서 에너지를 얻는 경향이 있다. 또한 자신의 의견을 당당하게 표현하고 자신을 적극적으로 드러내는 것을 선호한다. 이는 그들의 강한 자기표현 욕구에서 비롯되며, 주목과 인정을 받고 싶어하는 심리가 작용한다. 이들은 타인을 이끌고 조직적인 활동에 참여하는 것을 좋아하며, 주변에서 자연스럽게 리더 역할을 맡는 경우가 많다.

분석 기준

작성자의 글자 크기 대비 서명이 크게 보이는 것을 관찰한다(26pt 이상).

해석 방법

우두머리 기질로, 외향적이고 적극적으로 나서기 좋아하며 사회적 네트워크를 구축한다. 반대로 타인에게 관심이 부족하고 디테일에 약하다. 과도한 자기과시, 높은 기대치에 대한 스트레스가 있고 충족이 안 되면 거품이 될 수 있다.

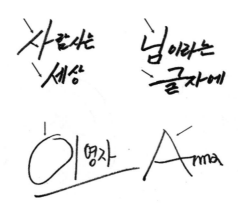

앞 페이지와 내용 동일

분석 기준

평균 글자 크기 대비 첫 자가 큰 것을 관찰한다(26pt 이상, 첫 자가 크고 나중 자가 작아지는 스피커 모양).

해석 방법

파란만장한 인생, 오뚝이 인생이다. 자존감이 높고 기세가 당당하며 자신을 강조한다. 외향적이고 적극적으로 나서기 좋아하며 리더십 기질이 있을 수 있다. 디테일에 약해 세심함이 부족하다. 충족이 안 되면 거품이 될 수 있다.

2) 적당한 크기

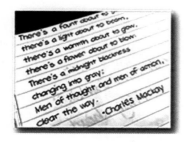

서명은 글자 크기 대비 2~3배가 적당

특징

적당한 크기의 글씨는 과도한 자신감이나 내성적인 모습을 동시에 나타내지 않으며, 안정감 있는 모습으로 해석된다. 이런 필적은 타인에게 신뢰감을 주고 의사소통에 긍정적인 영향을 미친다. 상대방이 쉽게 읽을 수 있어 중요한 메시지 전달에 큰 도움이 된다. 이들은 대개 섬세하고, 자신의 감정과 생각을 조화롭게 표현할 수 있는 능력이 있다. 지나치게 자아 중심적이지 않고 상대방의 의견도 존중할 줄 알아, 대인관계에서 유연함과 조화를 이룬다.

분석 기준

너무 크거나 작지 않음을 관찰한다(18~24pt).

해석 방법

높은 평정성과 신뢰성, 책임감, 현실적, 단순함을 보이며 치우침이 없고 과장하지 않는다. 지금을 중시하고 경청이 가능하다. 반대로 기세가 없고 목표 부재, 변화에 대한 저항, 감정 차단, 싱거움, 특징이 없다는 소리를 들을 수 있다.

3) 작은 크기

특징

작은 글씨는 종종 빠른 사고와 뛰어난 집중력을 나타낸다. 또 정교하고 논리적인 사고방식을 반영한다고 여겨진다. 평균 이하의 크기로 글씨를 쓰는 작성자는 내향적인 성격의 소유자일 수 있다. 자신을 과시하기보다는 내면의 세계를 추구하며 사회적 상황에서 소극적이지만, 겸손하고 자기를 절제하는 경향이 있으며 타인에게 조심스럽고 신중하게 행동하는 모습을 보인다.

분석 기준

글자 대비 서명이 작게 보이는 형태를 관찰한다(16pt 이하).

해석 방법

서명이 글자보다 작으면 신중하고 치밀하며, 정밀한 사고와 디테일에 강하다. 자신을 실제보다 축소해서 보여주려는 성향이 있다. 확장을 억제하고 자기표현도 억제하며 에너지를 축적한다. 내성적이고 소극적이며 갈등을 회피한다. 사려가 깊지만 냉정하고, 경계심과 망설임 등이 예상된다.

4) 불규칙한 크기

특징

우선 감정의 기복이 크다고 본다. 자신감의 변화, 주의력의 불균형이 있다. 글자 크기가 다양하게 변화하는 사람은 고정관념에 얽매이지 않고 창의적이며 자유로운 사고를 하는 경우가 많다. 규칙이나 틀에 구속받기보다는 유연하게 사고하고 행동하는 경향이 있다. 글자 크기가 불규칙하게 반복되면, 심리적으로 불안정하거나 스트레스를 많이 받고 있을 가능성이 있다. 이는 내면의 갈등이나 불안감을 반영할 수 있다.

분석 기준

글자의 크고 작은 모습이 혼재된 것을 관찰한다.

해석 방법

엉뚱한 창의성, 예술적 기질이 있을 수 있다. 심한 감정 변화로 불안하고 충동적이며, 자기 통제가 어렵고 제어가 불가하다. 위선적일 수 있고 자신을 드러내지 않으려 하는 경향 등이 나타날 수 있다.

2. 결론

결론적으로 서명 필적학에서 글자의 크기는 단순한 물리적 속성을 넘어서, 작성자의 내면과 심리를 반영하는 중요한 요소다. 글자의 크기 분석은 필적학의 다양한 심리적 측면을 이해하는 데 기여하며, 개인의 성격을 해석하는 데 중요한 기초 자료로 활용된다. 이와 같은 분석은 필적 감정이나 필적 연구의 기초가 되는 만큼, 심도 있는 관찰과 연구가 뒤따라야 한다.

제5장

Zone
영역으로 분석한다

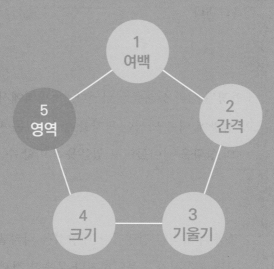

1. 서명 영역

서명을 영역으로 분석함으로써 개인의 행동 경향을 예측할 수 있다. 예를 들어, 글자가 전반적으로 위로 풍선같이 부풀려 올라가 있는 High Zone, 가로 길이로 볼 때 중간 영역에 획이 많은 Middle Zone, 가운데 수평을 기준으로 하단 영역에 많은 획이 보이는 Low Zone으로 나눈다.

상단 영역

위로 향한 글씨는 긍정적인 감정이나 낙관적인 태도를 나타내는 경우가 많다. 서명이 기준선보다 높이 위치한다면 작성자가 현재 상황에 대해 긍정적이고 희망적인 감정을 느끼고 있다고 해석할 수 있다. 이는 자신감이나 사회적 관계에서의 만족감도 나타낸다.

중간 영역

중간 영역은 비교적 안정된 심리 상태를 나타낸다. 이 영역에서 서명이 이루어지면 안정감이 있고, 상황에 대한 냉정한 평가를 할 수 있는 자세를 반영한다. 이는 작성자가 현재의 상황을 받아들이고 있음을 의미할 수 있다.

하단 영역

아래로 향한 서명은 종종 부정적인 감정이나 내향성을 나타낼 수 있다. 기준선 아래에 위치하는 서명은 작성자가 불안하거나 우울한 정서를 느끼고 있다는 신호로 해석된다. 특히, 신경질적이거나 불안정한 사회적 관계를 반영하기도 한다.

High Zone

Middle Zone

Low Zone

가로선을 삼등분하고, 글자의 위아래
어느 쪽에 비중을 두고 쓰는지 알아본다.

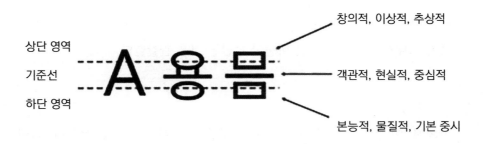

상단 영역

기준선

하단 영역

창의적, 이상적, 추상적

객관적, 현실적, 중심적

본능적, 물질적, 기본 중시

1) 상단 영역

High Zone
Middle Zone
Low Zone

특징

High zone이 잘 발달하고 매끄럽게 구성된 글씨는 비판적 사고와 독창적인 접근 방식을 가지고 있음을 나타낸다. 이러한 특성은 예술 분야나 창의성이 중시되는 직업에서 두각을 나타내는 데 중요한 기반이 될 수 있다. 미래에 대한 강한 열망을 갖고 높은 목표와 비전을 추구하며, 삶의 중요한 가치와 방향성을 명확하게 설정할 가능성이 크다. 이러한 서명은 개인의 사회적 태도와 대인관계에서도 중요한 역할을 한다. 대개 외향적이며 자신감이 넘친다.

분석 기준

중간 지대를 기준으로 상단 비중이 발달한 것을 관찰한다.

해석 방법

창의적, 이상적, 추상적, 높은 목표와 비전, 기획력, 예술성을 보인다. 기업가 정신, 자신감, 자기중심적인 경향이 있다. 새로운 문제를 해결하지만 약한 디테일과 잦은 아이디어 변경으로 세심함과 실행력, 마무리가 부족할 수 있다.

2) 중간 영역

High Zone
Middle Zone
Low Zone

특징

Middle zone이 발달한 작성자는 일반적으로 대인관계에 있어 협력적이고 원만한 성격을 나타낸다. 이들은 감정 표현이 비교적 적절하며, 타인의 감정을 이해하고 존중하는 능력이 뛰어나기 때문에 원활한 소통과 협업을 끌어낼 수 있다. 문제를 해결하는 데 있어 감정적인 요소보다는 이성적인 판단과 실질적인 접근 방식을 우선시한다. 이로 인해, 작성자는 현실적인 문제 해결 능력을 갖추게 되며, 어떤 상황에서도 침착하고 합리적인 판단을 내릴 수 있다.

Middle zone이 잘 발달된 경우, 작성자는 정체성과 가치를 명확하게 인식하고자 한다. 이는 자신이 어떤 사람인지에 대한 이해가 깊어, 외부의 압력이나 자극에 과도하게 영향을 받지 않으려는 태도를 나타내기도 한다.

분석 기준

서명에 중간 영역을 설정하고 가운데 비중 발달을 관찰한다.

적절한 자아로 이성적 판단, 유연한 대응을 할 수 있으며 현실적이고 객관적, 중심적이다. 지금을 중시하고 기본에 충실할 수 있다. 반대로 소극적이며, 결정 미루기가 예상되고 변화에 대한 저항과 지루함 등이 있을 수 있다.

3) 하단 영역

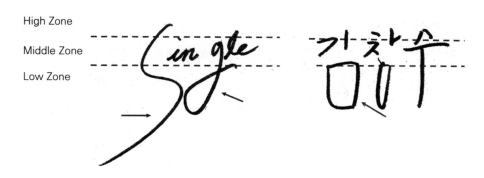

High Zone
Middle Zone
Low Zone

특징

Low zone이 발달한 작성자는 감정을 깊이 소화하고 표현하는 데 신중하다. 이들은 겸손함과 신중함을 바탕으로 대인관계를 형성한다. 특히 작성자는 실용성과 현실감으로 문제를 해결하고자 한다. 자신의 감정을 쉽게 드러내기보다는 억제하거나 내재화해, 사실과 데이터에 기반한 결정을 내리는 것을 선호하고 타인을 고려한 해결책을 모색한다. 이는 혼자 고민하는 스타일일 수 있으며, 상처받지 않기 위해 감정적 부담을 숨기기도 한다.

분석 기준

중간 영역 대비, 하단 영역의 비중 발달을 관찰한다.

해석 방법

몽상가, 신중함, 안정 추구, 의존보다 자립, 본능적, 물질적, 기본 중시, 에너지 축적 타입이며 갈등 해결 능력을 보인다. 다른 측면은 소극적인 태도로 문제를 해결하고 자신감 저하, 감정 통제, 창의력 제한 등이 예상될 수 있다.

2. 결론

　서명의 각 영역은 개인의 감정과 성격, 심리적 상태를 반영하는 중요한 지표다. 따라서 기준선을 바탕으로 한 이러한 분석 방법은 필적학적 연구와 심리학적 인터뷰 등 다양한 분야에서 의미 있는 정보를 제공할 수 있다. 이처럼 서명 분석은 단순한 글쓰기 기술 이상으로, 작성자의 마음속 깊은 곳을 들여다보는 통찰력을 제공하는 데 중요한 역할을 한다.

제6장

Angle
각도로 분석한다

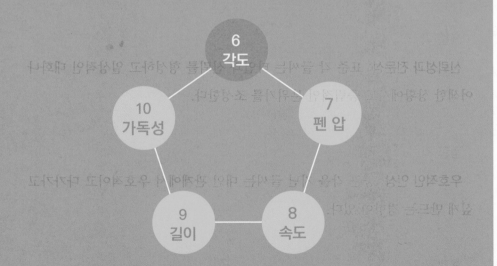

1. 글자 각도

각도의 기본 원칙

글자 각도는 그 글씨를 쓴 사람의 긴장감, 자신감, 또는 내향성 같은 성격적 요인을 반영한다. 예를 들어, 각도가 좁다면 이는 작성자가 날카롭고 자기주장이 강하다고 해석될 수 있다. 반면에 넓은 각이라면 외향적이고 친절하며, 오픈 마인드 성향을 나타낼 수 있다.

좁은 각

높은 조직력과 집중력: 이러한 특성은 일반적으로 해당 작성자가 계획적이고 체계적인 사고방식을 채택하고 있음을 나타낸다.

표준 각

신뢰성과 전문성: 표준 각 글씨는 타인과 신뢰를 형성하고 일상적인 대화나 어색한 상황에서도 중립적인 분위기를 조성한다.

둥근 각

우호적인 인상: 둥근 각을 지닌 글씨는 대인 관계에서 우호적이고 다가가고 싶게 만드는 경향이 있다.

혼재된 각

감정의 폭과 깊이: 날카로운 각과 둥글게 보이는 글자가 동시에 나타나면, 작성자는 다양한 감정을 폭넓게 표현할 수 있는 능력을 갖춘다.

1) 좁은 각

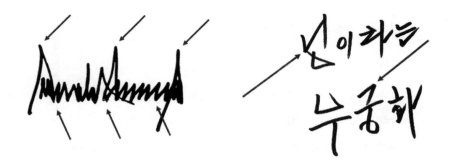

특징

날카로운 각도는 때때로 작성자가 느끼는 압박감이나 스트레스를 나타낼 수 있다. 이러한 필체는 심리적 긴장감과 불안감을 반영하며, 이에 따라 글씨가 경직되고 규칙적인 모습을 띨 수 있다. 이러한 특성은 필적의 분석에서 심리적인 상태를 해석하는 중요한 요소로 여겨진다. 높은 조직력과 집중력 그리고 엄격한 성격 표현이 나타날 수 있다.

분석 기준

글자에서 획이 꺾이는 부분이 각지고 날카로운지를 관찰한다.

해석 기법

자기주장이 강하며 야망이 있고 도전적이다. 집중력이 좋으나 압박감, 긴장감, 스트레스가 예상된다. 경청하는 자세와 세심함이 부족하고 배려가 미흡해 소통 경직성 등이 나타날 수 있다.

2) 표준 각

특징

이러한 형태는 자연스러운 곡선과 직선의 결합으로 이루어져 있어, 글자가 서로 조화를 잘 이루면서 안정적이다. 작성자는 감각을 살려 일관된 스타일을 유지하기 때문에 표준 각을 가진 글씨는 가독성이 높다. 글자 구조가 명확하고 규칙적이기 때문에 독자는 글을 쉽게 읽고 편안함을 느낄 수 있다. 이는 특히 공문서와 보고서, 일상적인 소통에서 중요하고 정보 전달의 효율성을 극대화한다. 이는 체계적이고 목표지향적인 성향을 나타낸다.

분석 기준

글자에서 획이 꺾이는 부분의 각이 정자체로 수직인 것을 관찰한다.

해석 기법

안정감이 있으며 균형적, 객관적, 현실적인 경향을 보인다. 높은 가독성으로 명확한 메시지 전달이 가능하며 신뢰성과 전문성을 나타낸다. 반대로 자기 통제, 변화에 저항, 정자체로 인한 무미건조함 등이 나타날 수 있다.

3) 둥근 각

특징

둥근 각의 글씨는 태생적으로 부드러운 곡선으로 이루어져 있다. 글자에서 나타나는 매끄러운 흐름은 편안함과 자연스러움의 상징으로 작용하며, 작성자가 가진 감정의 안정성을 나타낸다. 둥근 글씨체는 경직된 느낌을 주지 않아 개인적이고 비형식적인 메시지를 전달하는 데 적합하며 이는 특히 친근한 소통을 원할 때 강력한 도구로 작용한다.

작성자가 자신의 감정을 자유롭게 표현하려는 의도를 가질 때 이러한 형태가 잘 드러난다. 둥근 글씨체는 작성자의 독창성과 개성을 드러내는 수단이 되며 개인의 사회적, 정서적 배경을 반영할 수 있다. 작성자가 가진 창의력과 상상력이 돋보이는 부분이다.

분석 기준

글자에서 꺾임 획에 각이 없고 둥근 것을 관찰한다.

해석 기법

우호적 인상이며 융통성이 있다. 타인을 배려하고 경청하는 소통 중심을 보인다. 상상력도 예상된다. 반대로 자기주장과 끊고 맺음이 약할 수 있다. 비전문적인 이미지를 줄 수 있다. 집중력이 부족하다는 오해를 받거나 감정 표현에서 오해를 불러올 소지가 있다.

4) 혼재된 각

특징

날카로운 각을 가진 글씨는 대개 강한 의지, 결단력, 적극성을 반영한다. 이는 작성자가 목표 지향적이고 단호한 성격을 지니고 있음을 나타낸다. 반면 둥글게 보이는 글씨는 유연성과 부드러움, 친근감을 보이며 작성자가 인간관계를 중시하고 타인에 대한 배려가 깊음을 시사한다. 두 형태가 동시에 존재할 때는 작성자가 내면의 갈등이나 이중성을 경험하고 있을 가능성을 내포한다. 작성자는 상황에 맞추어 자신의 표현 방식을 유연하게 조정할 수 있다.

분석 기준

글자의 획이 꺾이는 부분에서 각의 날카로움과 둥근 것을 관찰한다.

해석 기법

다차원적 성격으로, 적응성이 있고 창의적인 경향이 있다. 정체성 혼란, 내면 갈등 전이, 긴장과 안정의 반복을 보이며 상대방이 오해할 소지를 제공하거나 출렁이는 감정이 나타날 수 있다.

2. 결론

    글자 획의 각도는 필적 분석에서 매우 중요한 역할을 하며, 개인의 심리적 내면을 탐구하는 데 있어 필수적인 요소로 작용한다. 이를 통해 개인의 신념, 감정 상태, 사회적 경향을 파악할 수 있다. 따라서 필적학을 통해 글자를 분석할 때는 획의 각도가 가져오는 다양한 의미와 상징성을 깊이 있게 탐구해야만 한다.

제7장

Pen Pressure
펜 압으로 분석한다

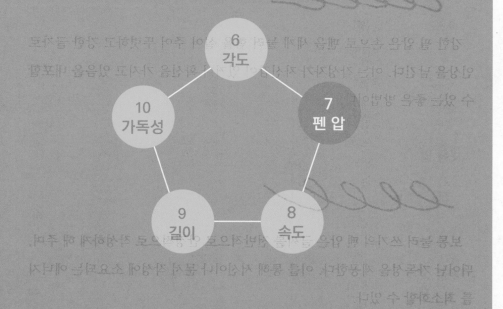

6
각도

10
가독성

7
펜 압

9
길이

8
속도

1. 펜 압

펜 압(Pen Pressure, 필 압)이란?

펜 압(Pen Pressure, 필 압)이란 글씨를 쓸 때 펜이나 연필이 종이에 닿는 압력의 정도를 의미한다. 필 압이 강하면 흔히 감정이 강하거나 확신이 있는 상태로 해석되고, 반대로 필 압이 약하면 망설임이나 불안감을 나타낼 수 있다. 필 압 또한 글씨체의 가독성에 영향을 미치며, 글자 사이의 간격과 상호작용하여 전체적인 서체의 형태를 결정짓는다.

강한 압

강한 필 압은 손으로 펜을 세게 눌러 힘을 실어 주어 뚜렷하고 강한 글자로 인상을 남긴다. 이는 작성자가 자신감이 있거나 확신을 가지고 있음을 내포할 수 있는 좋은 방법이다.

보통 압

보통 눌러 쓰기의 펜 압은 글씨를 전반적으로 안정적으로 작성하게 해 주며, 뛰어난 가독성을 제공한다. 이를 통해 서신이나 문서 작성에 소요되는 에너지를 최소화할 수 있다.

약한 압

약한 필 압은 보다 부드러운 방식으로 글을 작성할 수 있게 하여, 손이나 손목의 긴장을 줄이는 효과가 있다. 이는 장시간 글쓰기를 하는 데 유리하다.

혼재된 압

펜 압의 강, 약을 섞어 쓰는 혼재된 압은 감정 교란이 자주 나타난다는 것을 내포한다. 이는 신뢰성 약화로 이어질 수 있음을 시사한다.

1) 강한 압

I am me and that's okay
i'm much more than good enough
i'm. unque. that's my strenth

특징

강한 압력은 감정 상태를 반영하여 분노나 결단력을 더욱 잘 전하고, 문서의 중요성을 강조하는 데 도움을 준다. 그러나 지속적인 강한 압력은 손목과 팔에 피로감이 쌓이게 하며, 장기적으로는 부상의 원인이 된다. 필기구에도 손상을 주어 글쓰기의 질을 저하할 수 있다.

분석 기준

펜으로 종이에 쓴 글을 강하게 눌러 썼는지 확인한다. 복사지 3장 정도를 아래에 받치고 쓰도록 유도하고, 글씨 쓴 종이 뒷면의 요철 부분을 손바닥으로 확인할 때 펜의 깊이가 두드러지게 느껴짐을 관찰한다.

해석 방법

매우 깊고 지속적인 감정을 드러낸다. 용서는 가능하지만 잊지 못하고, 상황을 강렬하게 느낀다. 에너지 과다, 공격적, 충동적, 다혈질, 과민함을 보일 수 있다. 세심함과 배려심이 부족하고, 디테일에 약할 수 있다.

2) 보통 압

특징

보통 압의 펜 압은 글씨를 안정적으로 작성하게 해 주며, 뛰어난 가독성을 제공한다. 이를 통해 서신이나 문서 작성에 드는 에너지를 최소화할 수 있다. 적절한 압력은 손목과 손가락의 움직임을 더 유연하게 만들어 주며, 장시간 글쓰기를 가능하게 한다. 보통 펜 압은 경우에 따라 감정적 표현이 약해질 수 있다.

분석 기준

펜으로 종이에 쓴 글을 얼마나 눌러 썼는지 확인한다. 복사지 3장 정도를 아래에 받치고 쓰도록 유도하고, 글씨 쓴 종이 뒷면의 요철 부분을 손바닥으로 확인할 때 펜의 깊이가 적당하게 느껴짐을 관찰한다.

해석 방법

적당한 가독성으로 간결하다. 객관적이고 현실적이며 균형적이다. 적절한 에너지를 확인할 수 있다. 또 다른 측면은 변화에 저항, 비창의성 등이 나타날 수 있다.

3) 약한 압

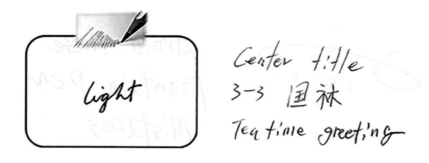

특징

약한 필 압은 보다 부드러운 방식으로 글을 작성할 수 있게 하여, 손이나 손목의 긴장을 줄이는 효과가 있다. 이는 장시간 글쓰기를 하는 데 유리하다. 약한 압은 종종 불안함이나 긴장감을 나타낼 수 있지만, 동시에 비판적인 상황에서 감정을 덜 드러낼 수 있는 효용도 있다.

분석 기준

펜으로 종이에 쓴 글을 얼마나 눌러 썼는지 확인한다. 눌러쓰는 힘이 약해 글자가 희미하게 보일 수 있다. 종이 뒷면에 손을 댔을 때 글자 요철이 느껴지지 않음을 관찰한다.

해석 방법

에너지를 과소비하지 않고 절약 정신을 보인다. 내향성을 보이며 경계심이 많고 민감하다. 자신감이 부족하고 감정 표현을 자제한다. 디테일에 강해 신중하고 치밀함, 세심함, 사려 깊음 등을 보인다.

4) 혼재된 압

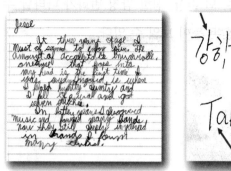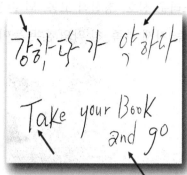

특징

글자를 강하게 쓰는 사람은 에너지와 활력이 넘치는 성격이다. 감정이 강렬하고 표현이 솔직한 편이다. 때로는 감정에 휘둘릴 수 있지만, 주변 사람들에게는 열정적이고 진실한 모습으로 비칠 수 있다. 또한 높은 집중력과 끈기를 나타낼 수 있다. 이들은 한번 시작한 일을 끝까지 해내는 경향이 있다. 때로는 고집이 세서 완고한 면모를 보일 수 있고, 자신의 의견을 굽히지 않으려는 경향이 있다.

글자를 약하게 쓰는 사람은 민감하고 섬세한 성격을 나타낸다. 세심하게 주의를 기울이는 경향을 보이며 내성적이고 조용한 성격일 가능성이 높다. 자신의 감정을 쉽게 드러내지 않으며, 사려 깊고 신중한 결정을 내리는 편이다.

분석 기준

펜으로 종이에 쓴 글을 얼마나 눌러 썼는지 확인할 때 강약과 흐림, 진함이 번갈아 보이는 것을 관찰한다.

해석 방법

혼란스러운 신호, 정신적 고통, 뇌 손상, 심한 감정 변화가 나타날 수 있다. 균형 부족, 자제 부족, 강·약의 혼돈 등이 보일 수 있다.

2. 결론

필 압은 필적에서 중요한 요소 중 하나로, 개인의 성격과 정신적 상태를 파악하는 데 유용한 정보를 제공한다. 다양한 분석 방법을 통해 필 압을 정량화하고 심리적 특성을 파악하는 과정은 필적 분석의 필수적인 부분이며, 앞으로의 연구는 이러한 요소를 더욱 정교하게 만드는 방향으로 진행될 것이다. 필압을 통해 우리는 단순한 글씨체 이상의 의미를 발견할 수 있으며, 이는 법적, 심리학적, 사회적 연구에 많은 기여를 할 수 있다.

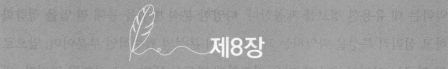

제8장

Speed
속도로 분석한다

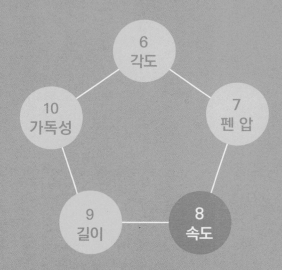

1. 속도

속도는 특정 문장을 작성하는 데 필요한 시간, 즉 글씨를 쓰는 데 걸리는 시간을 의미한다. 이는 단위 시간당 작성된 글자의 수나 완성된 단어의 수로 측정될 수 있다.

심리적 상태의 반영

서명 분석에서는 빠른 속도의 필적이 종종 자신감과 의욕이 넘치는 상태를 나타내지만, 느린 속도의 글씨는 신중함이나 불안한 상태를 반영할 수 있다고 해석한다.

성격과 집중력의 지표

서명 속도가 빨라지면 일반적으로 긴박한 상황이거나 압박감을 느끼고 있음을 나타낼 수 있으며, 이는 글씨가 흐트러지거나 가독성이 떨어지는 경우가 많다. 반대로 느린 속도는 작성자가 생각하면서 조심스럽게 접근하고 있음을 나타낸다.

빠른 속도

- 효율적 작업 가능: 시간 압박이 있는 상황에서 속도를 높임으로써 빠른 결과를 도출할 수 있다.

보통 속도

- 안정적인 가독성: 일관성 덕분에 가독성이 우수하여 독자가 내용을 쉽게

이해할 수 있다.

- **서명의 질 향상**: 신중한 생각에 따라 작성되므로 적절한 표현과 문장을 유지하기 쉽다.

느린 속도

- **높은 정확도**: 충분한 시간을 두고 작성하기 때문에 오류가 적고, 필적의 완성도가 높다.
- **감정 표현**: 작성자가 감정을 더 풍부하게 담을 수 있어, 필적이 그들의 감정을 잘 전달할 수 있다.

1) 빠른 속도

이미지를 그대로 옮겨 놓으면 저작권법에 저촉된다고 해서 북한 김정은 서명과 조영남 서명을 필자가 따라 쓰기 했다.

특징

빠른 서명은 긴박감이나 압박감의 표시일 수 있으며, 작성자가 신속하게 생각을 표현하려는 경향이 있다. 이 경우 많은 아이디어를 빠르게 쏟아내는 장점이 있지만, 필적이 흐트러지거나 일관성을 잃을 가능성도 크다. 생각이 날 때 빠르게 적어낼 수 있어 창의적인 아이디어를 놓치지 않게 된다.

분석 기준

글씨의 스트로크가 빠르다. 연결성과 획 줄임을 관찰한다.

해석 방법

시간 압박이 있고 빠른 의사결정을 하는 급한 성격이며 적극적이고 즉흥성과 외향성을 확인할 수 있다. 미래를 현재로 당긴다. 단점으로는 강한 자기주장과 낮은 경청 자세를 보이기도 한다. 디테일이 간과되어 오류가 증가하고 세심함이 부족해 낮은 가독성 등이 나타날 수 있다.

2) 보통 속도

특징

보통 속도는 작성자의 심리적 안정감과 생각의 정리 상태를 반영한다. 일반적으로 깊은 사고와 균형 잡힌 접근을 보여준다. 그러나 보통 속도에서의 글쓰기는 종종 그 자체로 기술적인 능력이나 일관성을 나타낼 수 있다. 일관성덕분에 가독성이 우수하여 독자가 내용을 쉽게 이해할 수 있으며 신중한 생각에 따라 작성되므로 적절한 표현과 문장을 유지하기 쉽다.

분석 기준

글씨의 스트로크가 빠르지 않다. 가독성과 연결성 등을 관찰한다.

해석 방법

가독성이 좋다. 감정적 안정감, 균형 잡힌 사고, 정서적 조화를 보이며 현실적, 객관적이다. 적절한 자기주장이 가능하다. 단점으로는 과도한 신중함, 정체성 모호 소지, 감정 외면, 변화에 저항 등이 나타날 수 있다.

3) 느린 속도

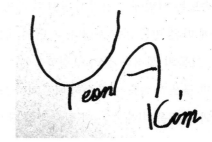

특징

느린 서명 속도는 작성자가 사려 깊고, 조심스러운 접근을 하려는 태도를 보여준다. 이는 작성자가 신중하게 생각하고 있는 경우가 많다. 고민과 불안감이 혼재되어 나타날 수도 있지만, 충분한 시간을 두고 작성하기 때문에 오류가 적고 필적의 완성도가 높다. 작성자가 감정을 더 풍부하게 담을 수 있어 메시지를 잘 전달할 수 있다.

분석 기준

글씨의 스트로크가 빠르지 않다. 가독성과 연결성 등을 관찰한다.

해석 방법

여유, 천천히 생각, 속도를 내지 않음, 디테일에 강함, 오류 최소화, 높은 집중력을 보일 수 있다. 단점으로는 게으름, 아이디어 손실이 나타나고 목표 달성이 느리다는 소리를 들을 수 있다.

2. 결론

속도는 서명에서 굉장히 중요한 개념으로, 작성자의 심리적 상태와 성격, 상황에 따른 변동성을 지닌다. 서명의 속도를 통해 작성자의 내면세계를 이해하고, 그들의 성격과 심리적 경향을 분석할 기회를 제공하기도 한다. 따라서 서명과 글쓰기 속도는 단순히 빠르거나 느림의 문제가 아니라, 사람의 복잡한 감정과 행동을 이해하는 데 필수적인 단서가 된다.

제9장

Length

길이로 분석한다

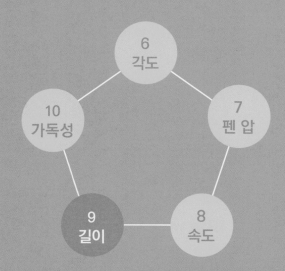

1. 가로선과 세로선의 길이

　서명에서는 글자의 길이를 '필기'라는 행위와 밀접하게 연결 지어 분석한다. 필기 스타일은 작성자가 글씨를 쓸 때 가하는 힘, 속도, 방향성에 따라 달라지며 이러한 변화는 글자의 길이에 직접적인 영향을 미친다. 예를 들어, 작성자에 따라 같은 단어라도 길게 쓸 수도, 짧게 쓸 수도 있다. 이러한 차이는 작성자의 감정 상태와 안정감, 긴장감, 자신감 등을 나타내는 지표로 해석될 수 있다.

1) 긴 가로선

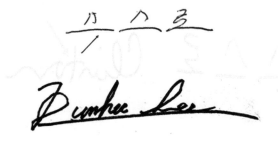

특징

가로선을 길게 사용하는 사람들은 대개 일관성과 집중력이 높은 경향이 있다. 인내심과 지속성, 끈기가 뛰어난 사람으로 해석한다. 목표 지향성과 긍정적 사고를 보인다. 원활한 소통이 가능하지만, 때로는 다른 사람들이 자신의 생각이나 의견에 과도하게 기대하도록 만들 수도 있다.

분석 기준

가로선이 긴 스트로크를 관찰한다.

해석 방법

끈질김과 인내로 해석할 수 있으며 강한 자기주장과 책임감, 존재감을 보인다. 한번 잡으면 놓지 않는 승부욕과 야망, 목표 지향 등이 나타날 수 있으며 기업가와 스포츠 선수들에게 많다. 성공한 사람들에게 많이 보이는 것이 긴 가로선의 특징이다.

2) 중간 가로선

특징

중간 길이의 가로선이 특징인 필체를 사용하는 사람들은 대체로 균형 잡힌 사고를 지니고 있다. 생각을 명확하게 정리하여 전달하고, 복잡한 상황에서도 냉정하게 분석할 수 있는 능력을 보인다. 이러한 사고는 감정적으로도 안정적이며, 긍정적인 에너지를 주변에 전파하는 경향이 있다.

분석 기준

가로선이 한 글자 폭을 넘어가지 않는 형태를 관찰한다.

해석 방법

객관적, 현실적, 이성적, 중심적, 안정적이다. 조화로운 대인관계, 높은 신뢰감, 탁월한 소통 능력, 안정된 감정 표현, 뛰어난 상황 적응력을 보인다고 해석한다. 단점으로는 결정적이지 않은 성향으로, 의사전달의 모호함이 나타날 수 있다. 특히 리더십을 발휘할 때 강한 견해를 밝히지 않아 비교적 소극적인 태도로 비칠 수 있고, 자기 검열 변화에 저항할 수 있다.

3) 짧은 가로선

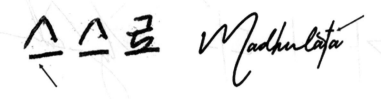

특징

내성적이고 신중한 성격으로, 감정 표현이 적절하게 조절되며 자신의 감정을 바깥으로 드러내기보다 내면으로 만끽하는 경향이 있다. 장점은 사려 깊은 성향이고 높은 집중력과 효과적인 문제 해결 능력을 보인다. 짧은 가로선의 글씨체는 신뢰를 주는 인상을 나타내며, 대인관계에서도 안정적으로 관계를 유지할 수 있게 도와준다. 실용적이고 간결한 의사소통이 가능하다고 본다.

분석 기준

한 글자의 폭, 즉 가로 길이보다 짧은 가로선을 관찰한다.

해석 방법

장타보다 단타, 논리적 사고, 집중력, 디테일에 강한 면이 나타날 수 있다. 단점으로는 인내와 끈기가 없다. 또한 소심하여 감정 표현과 나서기, 활발한 소통을 자제한다. 사회적 활동에서 소극성을 보이며 소극적인 의사 표현과 우유부단한 결정으로 인해 소통의 장애를 겪을 수 있다.

4) 긴 세로선

특징

자신감이 강하고, 목표지향적인 성격을 나타낸다. 성취에 대한 욕구가 강하며, 목표를 향해 끈기 있게 나아간다. 장점으로는 높은 실행력과 집중력을 지니며, 주도적으로 일을 추진할 수 있다. 단점은 때로 고집스러운 면이 있고, 타인의 의견을 수용하는 데 어려움을 겪을 수 있다.

분석 기준

평균 글자의 세로 길이 대비 2배 이상, 상하 세로선이 긴 모양을 관찰한다.

해석 방법

이상적이며 창의적이다. 새로움을 중시하고 성취 욕구와 야망이 크다. 자신감이 넘치고 기업가 정신을 보일 수 있다. 관대함과 집중력이 있으며 강한 마무리 성향을 보일 수 있다. 최고가 되려는 의지가 엿보이지만 싱겁다는 소리를 들을 수 있으며, 잦은 목표 변경 등이 나타날 수 있다.

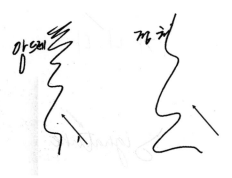

특징

내용은 앞 페이지와 동일하다.

5) 중간 세로선

특징

정서가 안정적이고 조화로운 성향을 지니며, 타인과의 관계를 중요하게 생각한다. 타인의 감정을 잘 이해하고 배려하는 능력이 뛰어나다. 다만 결정을 내리는 데 시간이 오래 걸리거나, 중요한 순간에 갈등을 피하려는 경향이 있어 소극적으로 비칠 수 있다.

분석 기준

평균 글자의 세로 길이 대비 2배 이상 올라가지 않는 세로선 모양을 관찰한다.

해석 방법

토론에서 개방적, 안정적, 객관적, 중심적, 능동적인 태도로 유연성을 보인다. 타인을 배려하며 감정 기복이 적다. 자신의 욕구 충족을 간과하거나 지나친 중용, 결단력 부족, 갈등 회피, 변화에 저항하는 모습이 나타날 수 있다.

6) 짧은 세로선

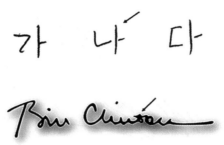

특징

급하고 즉흥적인 성향을 보이며, 신속한 결정으로 행동하는 경향이 있다. 유연하게 변화를 수용하고, 위기 대처 능력이 뛰어나다. 다만 자기중심적인 행동을 하거나 다른 사람의 입장을 고려하지 않는 경우가 발생할 수 있다.

분석 기준

평균 글자 세로 길이 대비 상하 세로선이 짧은 모양을 관찰한다.

해석 방법

높은 집중력과 신중함을 보일 수 있지만 결단력과 자기표현이 부족하고 자기중심적, 약한 창의력 등이 나타날 수 있다.

7) 혼재된 선

특징

가로선과 세로선이 동시에 길게 쓰는 사람들은 매우 드물지만 대범한 인물로 본다. 남다른 포부와 기획력 그리고 통솔 능력이 있다.

분석 기준

글자의 표준 길이보다 긴 가로선과 세로선이 동시에 나타나는 것을 관찰한다.

해석 방법

야망이 있고 도전적이며 승부 기질이 있다. 인내심과 문제 해결 능력을 동시 보유한다. 반대로 외로움, 감정 과다, 정체성 혼란 등이 나타날 수 있다.

2. 결론

서명에서 글자의 길이와 관련된 연구는 단순한 형태 분석을 넘어서 개인의 내면세계와 연결된, 보다 심리적인 접근을 통해 이루어진다. 따라서 글자의 길이는 필적학의 중요한 요소로 작용하며, 이를 통해 작성자의 성격과 심리적 특징을 보다 잘 이해할 수 있다.

이와 같은 연구는 심리학, 신경과학 등 다양한 학문과 결합하여 더욱 깊이 있는 분석이 가능하게 된다. 추가적으로, 서명을 분석하는 과정에서 사람의 감정과 태도도 함께 고려되어, 필적이 단순한 글씨체에 그치지 않고 개인의 심리적 반영으로 해석될 수 있음을 보여준다.

Readability Length Speed Pressure Angle Zone Size Slant Spacing Margin

제10장

Readability
가독성으로 분석한다

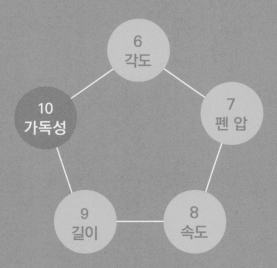

1. 가독성

가독성의 의미

읽기 용이성

가독성이 높다는 것은 주어진 글씨를 독자가 쉽게 읽고 이해할 수 있다는 것을 의미한다. 글자 모양이 명확하고 간결하며, 적절한 크기와 간격을 가질 때 독자는 더 편안하게 읽을 수 있다. 예를 들어, 너무 작은 글씨는 독자가 집중하기 어려우며, 너무 큰 글씨는 전체적인 조화가 깨질 수 있다.

필체의 일관성

가독성은 필적의 일관성에도 영향을 받는다. 필체가 일정하지 않거나 글씨의 크기와 형태가 불규칙하면 독자는 글을 읽는 데 어려움을 겪을 수 있다. 따라서 일관된 필체로 글씨를 쓰는 것은 중요하다.

가독성의 중요성

커뮤니케이션의 효과성

가독성이 높은 서명은 메시지를 더 효과적으로 전달할 수 있다. 필적학에서는 독자가 이름을 빠르고 정확하게 이해해야 하므로, 가독성을 높이는 것이 필수적이다. 예를 들어, 중요한 정보나 지시 사항이 포함된 문서는 반드시 가독성이 높아야 효과적으로 소통할 수 있다.

심리적 요소

서명의 가독성은 독자의 심리적 반응에도 영향을 미친다. 가독성이 높은 글씨는 독자에게 긍정적인 인상을 남기고 신뢰감을 준다. 반면, 혼란스러운 필체는 독자의 불안감을 조성하고 글의 신뢰성을 떨어뜨릴 수 있다.

개인의 성향 분석

가독성은 작성자의 성격을 분석하는 데에도 유용하다. 예를 들어 깔끔한 필체는 작성자가 체계적이고 정리된 성격임을 반영할 수 있으며, 가독성이 떨어지는 필체는 작성자가 감정적으로 불안정하거나 변동성이 큰 성격임을 가능성을 시사할 수 있다.

1) 높은 가독성

특징

정돈되고 읽기 쉬운 필체가 정보를 쉽게 전달하므로 낮은 신뢰를 높여야 하는 문서에서 긍정적인 반응을 얻는다. 이는 작성자의 전문성과 신뢰성을 높여주며, 특히 학문적이거나 공식적인 문서에서 긍정적인 반응을 이끌 수 있다. 반면에 지나치게 표준화된 필체는 개성과 창의성이 제한되어 독자의 관심을 끌지 못할 수도 있다. 일반적으로 자주 사용되는 글씨체는 너무 상투적일 수 있으며, 이로 인해 독창성이나 혁신성이 부족하게 평가될 수 있다.

분석 기준

글자가 명료하고 한눈에 읽을 수 있음을 관찰한다.

해석 방법

명확한 의사소통이 가능하며 높은 신뢰감을 보일 수 있다. 높은 자존감과 자기애, 자신의 가치를 높이는 행동이 예상된다. 그러나 창의성이 제한되며 제 필법에 의한 개성이 부족하고 강박관념 등이 나타날 수 있다.

땡추같은 멍텅구리
땅한 장난 멍멍멍
다 지난일 멍멍멍

상기 글은 필 압이 강해 가독성이 높은 것으로 판단된다.
이와 같이 높은 가독성은 범죄인에게 자주 나타나는 형태다.

높은 가독성이 좋지 않을 때

연쇄 살인마 유영철의 글씨는 가독성이 압도적으로 뛰어나다. 이처럼 기계적인 글씨는 절대로 틀리면 안 되고 완벽해야 한다는 강박관념이 마음속에 자리 잡고 있음을 보여준다. 강하게 눌러 쓰는 특징은 범죄인에게서 자주 나타나는데 일반 사람들도 눌러 쓰는 사람이 많으므로 반드시 범죄 성향이 있다고 판단하면 안 된다.

2) 낮은 가독성

특징

읽기 어려운 필체는 종종 개성이 강하게 나타난다. 독특한 서체나 흐트러진 형태는 작성자의 정체성을 드러내며, 창의적인 인상을 줄 수도 있다. 예술적 측면에서 보자면 정형화된 글자보다 창의적인 것에 무게를 두는 편이라서 낮은 가독성의 필체가 용인되는 경우도 있다. 하지만 상식적인 관계에서는 적합하지 않을 수 있다. 읽기 어려운 필체는 정보 전달에서 큰 장애가 되어, 명확성과 이해도를 떨어뜨리고 독자가 내용을 이해하는 데 추가적인 노력이 필요하게 만든다.

분석 기준

글자의 형태가 명료하지 않고 읽을 수 없음을 관찰한다.

해석 방법

예술적이다. 독창성과 남다른 생각을 보이며, 나를 알리고 싶지 않음을 시사한다. 낮은 신뢰감, 감춤, 속임, 은둔, 침잠, 소통 장애 등이 나타날 수 있다.

2. 결론

읽기 어려운 서명과 읽기 쉬운 서명은 각각 특정한 상황에서 장점과 단점을 가지고 있다. 필적학에서는 이 두 가지 필체를 적절한 맥락에 맞춰 활용하는 것이 중요하다. 예를 들어 공식적인 문서에서는 읽기 쉬운 필체가 유리하고, 예술 작품에서는 독창적인 필체가 더 나은 효과를 낼 수 있다. 따라서 필체를 선택할 때는 대상과 목적에 맞춘 신중한 고려가 필요하다.

PART III

제1장

부적합한 필기의
주요 징후

1. 부적합한 필기의 일반적인 특성

1) 읽을 수 없는 서명과 손 글씨

투명성과 성실성이 부족하고, 음모를 꾸미거나 의심을 불러일으킬 수 있으며, 도덕적 감각이 부족해 책임 회피로 이어짐을 나타낸다. 문자 변형으로 인한 판독 불가능성은 죄책감과 적응 부족 또는 불안감으로 인해 발생할 수 있는 내용을 은폐하려는 의도로, 실제 성격을 숨기는 것을 나타낸다.

2) 시계방향으로 이중 폐쇄 또는 아래로부터 폐쇄되는 원형

글자에서 'o' 동그라미 원이 지나치게 닫혀 있거나 여러 겹의 원은 정보를 숨기려는 욕구나 내성적인 태도를 암시할 수 있다. 또한 원의 시작점을 아래에서 시작하는 것도 좋지 않음을 내포한다.

3) 실타래 같은 글

실 모양의 글쓰기는 회피적인 자아를 나타낸다. 사물을 신비한 기운으로 둘러싸는 경향이 있으며, 기회주의적 지능을 보인다. 이는 호기심을 불러일으킴과 동시에 의심을 야기할 수 있다. 도덕적 감각의 부족으로 책임을 회피하는 모습을 보이며, 항상 진실을 말하지 않는 경향이 있다. 이러한 특성은 상황에 따른 의심스러움을 내포하게 되고, 또한 다른 사람의 마음을 꿰뚫어 파악하여 속일 수 있는 능력을 갖추게 되는데, 이는 사기꾼들에게서 흔히 볼 수 있는 특징이다. 또한 책임을 회피하려는 경향을 나타낸다. 실 모양의 결말은 교활함과 회피, 거짓을 나타내며 사기와 위선, 변장, 속임수인 성향으로 평생 작동하는 모드가 될 수 있다.

2. 부적합한 필기의 주요 징후 4가지

1) 과도한 아치 사용

과시적 성향

과도한 아치는 과시적이거나 허세를 부리는 성격을 나타낼 수도 있다. 이들은 주목받기를 좋아하고 자신을 드러내는 것을 즐길 수 있다.

시간 낭비

불필요하게 꾸미는 데 시간을 많이 소비해 정작 중요한 것을 놓치는 경우가 발생할 수 있다.

퇴행적 움직임

꾸불꾸불한 선이나 고리 모양의 커다란 타원 등은 정제되지 않은 모습으로 비춰져, 게으르거나 결과를 도출할 수 없는 사람으로 오해받을 수 있다.

2) 꾸불꾸불한 실 모양 서명

경직성

실 모양의 글씨체는 너무 규칙적이고 경직되어 있어 유연성이 부족할 수 있다. 이는 창의성이나 융통성이 부족하다는 인상을 줄 수 있다.

감정 표현 부족

글씨가 너무 일관되고 간결하여 감정 표현이 부족할 수 있다. 이는 감정적으로 차갑거나 무뚝뚝하다는 인상을 줄 수 있다.

가독성과 개성 부족

글씨체가 너무 획일적이라면 개성이 부족하다는 인상을 줄 수 있다.

천재성

반대로 아인슈타인 같은 사람들은 두뇌 회전이 글 쓰는 속도보다 빨라 지렁이 같은 글씨가 나온다고 한다.

3) 급격한 글자 작아짐

크기 변화

글자가 시작될 때는 정상 크기로 시작하다가 점차 또는 급격히 작아지는 형태를 보인다.

일관성 부족

글자의 크기가 일정하지 않고 변화가 심할 수 있다. 자신감 결여, 내성적 성향, 스트레스와 불안, 감정적 불안정, 집중력 부족이 보일 수 있다.

상황적 요인

피로하거나 건강 상태가 좋지 않을 때도 글씨가 작아지는 현상이 나타날 수 있다. 이는 신체적·정신적 에너지가 부족할 때 발생할 수 있다.

환경적 요인

글을 쓰는 환경이 불편하거나 긴장된 상황에서도 글씨가 작아질 수 있다.

확성기 모양

용두사미로 미미한 결과를 보일 수 있다. 규칙적으로 나타날 때는 스스로 관리가 되고 있다고 보지만 이렇게 급격하게 후퇴하는 서명이나 글씨는 바람직하지 않다.

시선을 ⟵ 사로 잡는

한 ⟶ 문장

사회적 거리감

구간 간격이 넓은 사람은 사회적 거리감을 두는 경향이 있다. 이들은 타인과의 관계에서 일정한 거리를 유지하며, 친밀한 관계를 형성하는 데 시간이 걸릴 수 있다.

감정적 거리감

구간 간격이 넓은 사람은 감정적으로 거리를 두는 경향이 있다. 이들은 자신의 감정을 쉽게 드러내지 않으며, 감정 표현에 있어서 조심스러울 수 있다.

상황적 요인

피로하거나 건강 상태가 좋지 않을 때도 글씨의 구간 간격이 넓어질 수 있다. 이는 신체적·정신적 에너지가 부족할 때 발생할 수 있다.

환경적 요인

환경이 불편하거나 긴장된 상황에서도 구간 간격이 넓어질 수 있다.

3. 결론

사람의 신뢰성을 완전히 보장하는 것은 불가능하다. 표본의 이러한 특성 중 한두 가지가 포함되어 있다고 해서 반드시 그 사람이 부정직하다는 의미가 아니라는 점을 항상 기억해야 하며 이러한 지표는 나머지 측면과 함께 고려해야 한다.

제시된 특성은 단지 예시일 뿐이며 개인의 부정직함에 대한 결정적인 증거로 사용되어서는 안 된다는 점을 명심하는 것이 중요하다. 그렇지만 확실성이 부족함에도 서명 필적학은 진실과 거짓의 다양한 표시를 식별할 수 있다.

4. 너무 잘 쓴 서명이나 글씨가 좋지 않은 이유

이유 1

여기서 말하는 잘 쓴 글씨체란 지나치게 완벽하고 절제된 글씨체를 말한다. 이러한 유형의 글쓰기나 서예는 느리고 엄격한 리듬을 갖는 것이 특징이다. 느린 속도의 글쓰기는 주의와 반성을 반영하는 반면, 경직된 글쓰기는 억제와 두려움을 나타낸다.

이유 2

과도한 통제는 과거의 충격적인 경험이 재발하는 것을 방지하기 위해 모든 것을 통제하려는 욕구를 나타낼 수도 있다. 이는 트라우마에 대한 유효한 반응일 수 있지만 과도한 자기 통제와 타인 통제로 이어질 수 있다.

이유 3

완벽한 글씨의 또 다른 특징은 변화가 없다는 것이다. 상황이나 기분에 따라 손 글씨가 달라지는 것은 우리의 몸과 마음과 깊은 연관이 있기에 정상적인 것으로 간주된다. 그러므로 손 글씨는 우리의 감정 상태에 따라 바뀌어야 한다. 손으로 쓴 글에 변형이 없으면 특정 감정이 억압되고 있음을 나타낼 수 있다.

이유 4

감정 조절의 또 다른 신호는 글자의 선이나 기준선 방향을 보면 알 수 있다. 글씨가 자로 그은 것처럼 일직선이고 잔잔한 파도가 없다면 감정이 조절되고 있다는 신호다. 일직선으로 쓰려면 많은 자제력이 필요하다. 이는 자신을 돌

보고 예방조치를 취하려는 과도한 욕구로 해석될 수 있다. 어느 정도 예방조치를 취하는 것은 이해할 수 있고 건전한 일이지만, 지나치면 다른 사람은 물론이고 자신감도 제한될 수 있다. 이는 우리의 의사결정과 관계에 영향을 미칠 수 있다.

이유 5

지나치게 완벽하고 정교한 글은 무언가 숨겨져 있음을 나타낼 수 있다. 통제와 정서적 억압의 필요성으로 인해 개인의 사적 내용을 숨기는 경향이 있다. 우리 모두 사적인 문제가 있지만, 이런 경우에는 불안으로 인해 사소한 문제가 숨겨져 있는지 아니면 중요한 일이 있는지 알 수 없다.

이유 6

손 글씨는 모양이나 속도를 강조하는 경향이 있다. 모양이 많을수록 속도가 느려지고, 속도가 높을수록 형태가 작아진다. 두 경우 모두 본질적으로 좋거나 나쁘지는 않다. 문제는 극단적일 때 발생한다. 지나치게 완벽한 글쓰기는 형태를 지나치게 강조한다. 이는 외모에 대한 지나친 관심과 남을 기쁘게 하려는 마음으로 해석된다. 다른 사람의 의견에 너무 많이 의존하여 에너지를 낭비하고 결과적으로 자신의 판단에 대한 자신감이 약화될 수 있다.

이유 7

너무 완벽하게 글을 쓰는 사람의 서명을 분석하는 것도 중요하다. 서명이 지나치게 정교하거나 그렇지 않을 수도 있다. 서명은 자신의 신뢰를 반영한다. 서명에 꾸밈이 없고 개인의 일반적인 글쓰기와 유사하다면 이는 그 사람이 진짜이고 숨길 것 없음을 나타낸다. 이러한 사람은 공적이든 사적이든 동일할 가능성이 매우 높다. 대조적으로, 유명인과 예술가의 경우 지나치게 정교한 서명은 예외다. 왜냐하면 서명은 본질 여부와 관계없이 그들이 보이기를 원하는 방식으로 나타내는 경우가 많기 때문이다. 텍스트의 서명과 손 글씨는 모두 읽기 쉽고 명확해야 하며, 너무 크거나 작지 않아야 하고, 무엇보다도 곡선과 각도 사이에 일정한 균형을 유지해야 한다.

이유 8

뚜렷한 원호가 있는 서명은 은폐와 과잉보호를 나타낸다. 그들은 외모를 더 중요하게 생각하는 경향도 볼 수 있다.

이유 9

서예는 특히 규칙적이고 조심스러우며 지속적일 때 스트레스를 숨기고 자연스럽게 꾸밀 수 있다. 그래서 역동성과 자발성이 부족하다. 이렇게 글을 쓰는 사람들은 자신의 직업적 역할, 명성, 사회적 편견을 동일시할 가능성이 매우 높다. 이러한 동일시가 습관이 되면 '가면(Mask)' 뒤를 살펴보는 것은 소용이 없다.

이러한 지표는 다양할 수 있으므로 맥락 내에서 다른 특성과 함께 고려되어야 한다는 점을 기억하는 것이 중요하다. 당신의 손 글씨나 서명에서 이러한 기호 중 하나라도 동일시된다면 기분 나빠하지 말고 바로 잡으면 된다.

악마는 그냥 만들어 지지 않는다.
주먹에 힘이 들어가도
머리가 뜨거워 져도
온몸이 치떨려도
떠가온 많은 시선을 견디며
꾹꾹 악물은 참고 잡는다.
철저한 악마가 되기 위해

- 내 쓴다. 내 인생이
이렇게 인간 말종의 인생
더욱나 '순둥이' 라도 한번
해바라. 복제 주지 말고 섬섬할께

그리고 시간 나면 영화 '꽃 피는 봄이 오면' 도
한번 빌려다 봐라. 음악도 전문해면 나가
내뿐 인상에 어리 서러수 없는 잔잔하니
아름다운 영화다. 일만 하는 너에게
쉼거를 주는거야.

봄이 우리를 설레게 하고 은밀시게 아름다운
거혹한 겨울이 였였기 때문이다.
너 떨려워 수도 치고 살면더라면

상기 글씨는 살인마 유영철의 편지를 따라 써본 것이다. 연쇄 살인마 유영철의 손 글씨는 매우 강한 필 압이며, 틀리지 말아야 한다는 강박감을 확인할 수 있다.

제2장

꼭 피해야 할 서명

1. 꼭 피해야 할 서명 15가지

1) 서명 후 지우는 경우

2) 원호로 에워싸는 시그니처

3) 작은 서명

4) 좌측으로 역행하는 서명

5) 휘갈겨 쓴 서명

6) 서명에 추가되는 획

7) 이름을 가르는 선

8) 서명 끝이 하락하는 모습

9) 서두르는 서명

10) 부풀어 오른 하단 고리

11) 모두 대문자로 서명

12) 거대한 첫 글자

13) i-dot이 없는 서명

14) 서명의 긴 시작 획

15) 'y', 'g' 자에서 루프 삭제

일부 서명은 바람직하지만 특정된 서명은 절대적으로 위험하다는 사실을 알 수 있다. "서명 필적 칼리지 산하 싸인 분석 연구소"에서는 여러분이 가져서는 안 되는 서명 15가지 유형을 제시하고자 한다.

1) 서명 후 지우는 경우

상기 서명은 저작권 문제가 있다고 하여 필자가 원본을 보고
따라 쓰기 한 것이다. 자신의 이름을 지우는 모습이 보인다.

서명 후 자신의 이름을 지우는 형태

인도에서 한 소녀는 학교 시험 준비가 제대로 되어 있지 않아 극단적인 조처를 준비하고 있다고 메모한 다음 서명을 했는데 이때 서명에 자신의 이름을 지우는 모습을 나타냈다. 이후 2008년 뭄바이에서 자살로 생을 마감했다고 한다.

서명 후 자신을 지우는 모습

분석에 따르면, 자신을 혐오하고 처벌하려는 경향을 반영한다고 한다. 상기 서명은 저작권 문제가 있다고 하여 작성자가 원본을 보고 따라 쓰기를 한 것이다. 자신의 이름을 지우는 모습이 보인다.

2) 원호로 에워싸는 시그니처

이름을 에워싸는 형태

걸보기에 이 Signature는 깨끗해 보이고 뒤틀린 획이 없다. 서명 분석에 따르면 둥근 원은 자기 제한적인 신념을 만들고 종교에 순응하는 것을 보여준다. 이름 주위의 원은 종종 방어적인 태도를 보이고 자신을 과잉보호한다는 것을 나타낸다. 매우 민감한 사람들이 그러한 특징을 가지고 있으며 감정적 고통과 언어적 공격을 피하기 위해 원을 보호막으로 사용한다는 것을 발견했다. 한국에서는 이렇게 서명하는 사람들이 의외로 많다.

서명 팁

서명 주위에 원이 있으면 제거한다. 그 결과 당신은 놀라운 변화를 경험하게 된다.

3) 작은 서명

Signature

너무 작은 서명은 일상생활에 자신감이 부족함을 나타낸다. 그러한 사람들은 다른 사람들로부터 존경이나 인정받기를 바라지 않는 경향이 있다.

낮은 자존감을 나타내는 작은 서명과 손 글씨가 같다면 이는 작성자의 소심함을 나타낸다. 그런 자신이 외모, 돈, 재능, 성공 등 모든 것을 덜 갖고 있다고 생각한다. 그는 자신을 과소평가하고 누구도 자신이나 자신의 의견을 소중히 여기지 않는다고 굳게 믿는다. 결과적으로 이런 유형의 서명을 가진 사람은 제 생각을 오픈하는 것을 피한다.

서명 팁
작은 서명을 좀 더 키워준다.

4) 좌측으로 역행하는 서명

　많은 사람이 이런 종류의 서명을 하고 있다. 서명의 마지막 획은 오른쪽으로 이동했다가 다시 왼쪽으로 역행한다. 밑줄이 오른쪽에서 끝나지 않고 다시 왼쪽으로 끌고 와 끝나는 경우이다. 과거로 회귀하고 있다. 미해결 과제로 인한 전진에 애로사항, 과거와 관련된 어떤 것도 버리지 못하는 사람으로 분류된다.

서명 팁

　상기와 같은 비슷한 서명이 있으면 왼쪽에서 오른쪽으로 밑줄을 긋거나 아예 없애준다.

5) 휘갈겨 쓴 서명

서명 분석에 따르면 이러한 유형의 서명을 가진 사람들은 서두르고 세부 사항에 부주의하다. 이 시그니처는 필자가 직접 받은 것이다. 작성자는 이 서명에 많은 시간을 들여 연습했다는 말에 필자는 할 말을 잃었던 기억이 생생하다.

"보세요, 당신이 내 싸인을 읽을 수 있든 없든 상관하지 않습니다. 나는 너무 바빠서 당신을 위한 시간이 없습니다."

이러한 유형의 서명을 가진 사람들은 자신 삶에서 잘못된 일에 대해 책임지지 않는 경향이 있다. 그들은 대부분 다른 사람을 비난한다. 서명을 휘갈기는 것은 서두르는 성격 때문에 실수를 저지르기 쉽다는 것을 의미하기도 한다. 서명을 읽을 수 없으면 투명성 수준이 낮고 위선, 사기, 음모의 후원자이기도 하다.

서명 팁
이름이 분명하게 읽힐 수 있도록 가독성을 높인다.

6) 서명에 추가되는 획

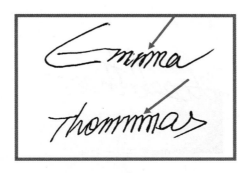

Emma와 Thommas의 경우 m자가 추가되는 모습

영어로 쓸 때, 많은 사람이 특히 'm' 또는 'n'을 쓸 때 펜이 계속 움직이면서 서명에 추가되는 획이 발생한다. 이런 실수가 자주 나타나면 불필요하고 중요하지 않은 활동에 빠지게 되어 자신이 소비한 에너지, 시간, 돈에 대한 보상을 받지 못할 것이다.

서명 팁
불필요한 스트로크를 바로잡는다.

7) 이름을 가르는 선

elisabethe (handwritten signature)

이름을 가르는 경우

무심코 자신의 이름을 가르는 경우가 있다. '1) 서명 후 지우는 경우'는 자신을 처단하는 의미를 내포하고, 이 서명은 자신에게 책임을 돌리는 경향이 있다. 이러한 시그니처는 자신을 매우 엄격하게 다루며 쉽게 용서하지 않는다는 것을 의미한다. 본인의 삶에 무슨 일이 생기면 그의 첫 번째 본능은 자신에게 정말 잘못이 있는지 없는지 먼저 확인하지 않고서 모든 책임을 자신에게 전가하는 것이다.

서명 팁
가로지르는 줄을 제거한다.

8) 서명 끝이 하락하는 모습

끝부분이 하락하는 서명

　서명의 마지막 글자가 끝에서 아래로 갑자기 낮아지는 것은 절망감을 나타낸다. 감정적 갈등이 해결되지 않거나 방치되어 있으면 우울증이 눈덩이처럼 불어나 자살 충동을 불러일으킬 수도 있다. 그러한 서명을 가진 사람을 알고 있다면 동정심을 갖고 괴롭히는 문제를 해결할 수 있도록 도와준다.

서명 팁
전문가의 도움을 받도록 한다.

9) 서두르는 서명

마지막 서명을 서두르지 마라

이런 사람들은 엄청난 열정과 민첩성을 가지고 일을 계속할 것이다. 그러나 결승선에 가까워지자마자 안주하고 속도를 늦출 수 있다. 결과적으로 자신이 시작한 일을 마무리하지 못할 수 있다. 서명 끝부분은 일의 마무리에서 자신감이 감소하기 시작한다는 것을 나타낸다.

서명 팁

쉽게 포기하는 사람으로 알려지기 싫다면 서명을 바로잡는다.

10) 부풀어 오른 하단 고리

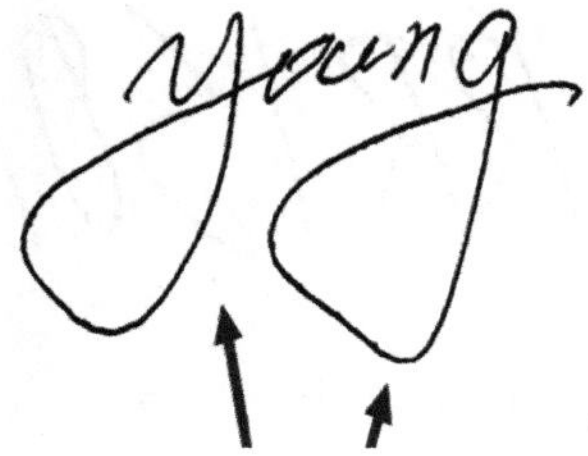

아래 그림에서 볼 수 있듯이 글자 'y'와 'g'의 부풀려진 아래쪽 고리는 많은 물질적 쾌락, 특히 돈과 섹스를 갈망하는 것으로 해석한다. 아래 영역 글자의 고리를 부풀리는 것은 갈망이 계속해서 새롭게 생성되기 때문에 충족되지 않는 경우가 많다는 점을 일러준다. 하단 영역의 루프는 물질적이고 본능적인 에너지를 의미한다.

서명 팁

서명의 아래쪽 영역에 부풀려진 고리가 있는 경우 적당한 크기로 줄인다.

HARRISON

우월감을 가진 사람들

모두 대문자로 쓰는 사람은 공유하는 것을 별로 좋아하지 않고 감정을 억제한다. 서명이 모두 대문자인 경우, 작성자가 다른 사람보다 우월한 것처럼 행동함을 나타낸다. 서명 분석에 따르면 이러한 우월함의 표시는 본질적으로 자신의 약점과 불안감을 숨기는 방법이다.

적어도 공적인 생활에서는 주제넘고 자만한다. 그들은 좋은 인상을 남기는 것이 무엇보다 중요하다고 생각한다.

서명 팁

모두 대문자로 서명하지 않도록 한다.

12) 거대한 첫 글자

Bobble

서명의 첫 글자가 서명과 손 글씨의 나머지 글자에 비해 유난히 높고 크다면, 이는 자신을 엄청나게 자랑하고 싶음을 나타낸다.

자신 능력을 터무니없을 정도로 꾸미고 과장하며, 상상 속에서 산다. 이런 시그니처를 가진 사람들은 주변 사람들에게 미움받고 있다는 사실조차 깨닫지 못하는 경우가 많다. 즉, 작고 평범한 서명은 겸손한 말과 태도를 나타내는 반면, 매우 크고 무거운 서명은 부풀려진 자부심과 허영심을 반영하는 경우가 많다. 권력의 위치에 있을 때 대개 오만함을 마음껏 드러내며 위압적이고 고압적이다.

서명 팁
첫 글자의 크기를 줄인다.

13) i-dot이 없는 서명

Signal

i 자를 쓸 때 위의 점(i-dot)을 빼먹는 경우

필기 분석에서 i-dot은 주의력, 집중력, 기억력, 정확성을 측정하기 때문에 중요하게 간주된다. 서명에서 'i' 자 상단에 점이 누락되면 주의가 산만하고 집중력과 정확성이 부족하다는 것을 나타낸다. 또한 질서와 비판적 감각이 부족함을 나타내며 무관심한 태도를 의미한다. 특정 세부 사항을 놓치면 오류가 발생할 확률이 높아진다.

이는 회계처럼 집중이 필요한 업무를 담당해서는 안 되는 멍한 사람이라는 뜻을 내포한다. 선택의 혼란을 겪으며 의무를 잊어버리는 경향이 있고 나태함, 태만, 게으름에 빠지게 될 수도 있다.

서명 팁

점이 있는 글자에 집중한다.

14) 서명의 긴 시작 획

기준선보다 아래에서 길게 시작하는 서명

시그니처 분석에 따르면 기준선 아래에서 시작하는 매우 긴 획은 면접과 같은 상황에서 지원자가 부정적인 인상을 남길 가능성이 더 높다는 것을 나타낸다. 해결되지 않은 분노와 불안한 감정이 있음을 나타내기도 한다. 서명에 해당 내용이 있으면 즉시 고친다.

그러나 성격을 분석할 때 중요한 점은 서명만으로 해석하는 것이 아니라, 글 전체를 통해 하나하나의 흔적과 특징을 찾아내면서 분석해 의견을 내야 한다.

서명 팁

과거의 문제를 현재로 가져온다는 마음을 정리하고 현재를 우선하면서 서명 첫 획을 아래에서 길게 끌고 올라오는 것을 고친다.

15) 'y' 자, 'g' 자에서 루프 삭제

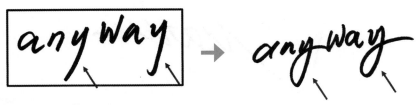

'y'자 하단에서 고리 형성이 안 되는 타입

'y' 자에서 아래의 고리가 형성되어 있지 않으면 기초 체력, 즉 내적 에너지가 부족하다는 것을 내포한다. 고리가 너무 크면 에너지가 넘쳐 성적 충동이 잦다고 보지만, 적당한 고리 형성은 목표 달성하는 데 충분한 힘을 부여해 준다.

서명 팁

서명할 때 'y' 자나 'g' 자가 있다면 적당한 고리를 만들어 준다. 너무 크면 안 된다.

2. 결론

이제 여러분은 서명의 금지 사항을 배웠다. 서명이 위에 언급된 유형 중 어느 하나와 일치하면 서명을 변경하는 것을 추천한다. 서명이 제대로 구성되지 않으면 다른 사람에게 잘못된 정보를 제공하고 오해 또는 상충된 신호를 보낼 수 있다는 점을 기억해야 한다.

부록

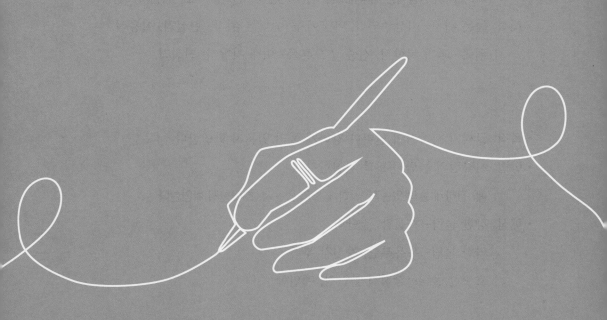

서명 시필지(Starting Point) 설계

　시필지(始筆地)는 글씨의 시작점을 의미하며, 이는 글 쓰는 사람의 성격, 사고방식, 감정 상태 등을 분석하는 데 중요한 요소다. 시필지를 설계하거나 분석할 때는 글씨의 시작점이 어디인지, 어떻게 시작되는지, 그리고 그 특징을 어떻게 해석할지에 초점을 맞춘다. 아래는 시필지를 설계하고 분석하는 방법을 단계별로 설명한 것이다.

1) 시필지의 위치 파악

- 목적: 글씨의 시작점이 어디에서 시작되는지 확인한다.
- 방법: 글자의 첫 번째 획이 시작되는 위치를 관찰한다.

　　　예) 글자의 정상적인 시작점보다 높은지 낮은지, 왼쪽인지 오른쪽인지 확인한다.

- 해석: 높은 위치- 이상주의적, 야망이 큼. / 낮은 위치- 현실적, 실용적.

　　　왼쪽- 과거 지향적, 신중. / 오른쪽- 미래 지향적, 진취적.

2) 시필지의 강도 분석

- 목적: 글씨의 시작점이 얼마나 강하게 눌려 있는지 확인한다.
- 방법: 시작점의 눌림 정도를 관찰한다.

　　　예) 강하게 눌려 있는지, 약하게 눌려 있는지, 흐릿한지 확인한다.

- 해석: 강한 눌림- 자신감, 결단력.

　　　약한 눌림- 우유부단, 자신감 부족.

　　　흐릿한 눌림- 감정적 불안정, 예민함.

3) 시필지의 형태 분석

- 목적: 시작점의 형태가 어떤 모양인지 확인한다.
- 방법: 시작점이 뾰족한지, 둥근지, 각진지, 부드러운지 관찰한다.
- 해석: 뾰족한 형태- 날카로운 사고, 직설적 성격.

    둥근 형태- 부드럽고 원만한 성격.

    각진 형태- 강한 의지, 고집.

    부드러운 형태- 유연성, 감성적.

4) 시필지의 길이 분석

- 목적: 시작점이 얼마나 길게 끌려 있는지 확인한다.
- 방법: 시작점의 길이를 관찰한다.

    예) 짧고 간결한지, 길게 끌려 있는지 가로선과 세로선의 길이를 확인한다.
- 해석: 짧고 간결- 빠른 결정, 실용적. / 길게 끌림- 신중, 완벽주의.

5) 시필지의 방향 분석

- 목적: 시작점이 어느 방향으로 향하는지 확인한다.
- 방법: 시작점의 방향을 관찰한다.

    예) 위로 향하는지 아래로 향하는지, 왼쪽이나 오른쪽으로 기울어지는지 확인

    한다.
- 해석: 위로 향함- 낙관적, 야망.

    아래로 향함- 현실적, 실용적.

    왼쪽으로 기울어짐- 과거 지향적, 신중.

    오른쪽으로 기울어짐- 미래 지향적, 진취적.

6) 시필지의 일관성 분석

- 목적: 시작점이 일관적인지, 불규칙한지 확인한다.
- 방법: 여러 글자의 시작점을 비교하여 일관성을 관찰한다.
- 해석: 일관적– 안정적, 조직적. / 불규칙적– 감정 기복, 창의적.

7) 시필지 설계의 실제 적용

- 목적: 시필지의 특징을 바탕으로 개인의 성격과 심리 상태를 분석한다.
- 방법: 위의 분석 결과를 종합하여 개인의 성격, 사고방식, 감정 상태를 평가
  한다.

  예) 시필지가 높고 강하면 야망이 크고 자신감이 강한 성격으로 해석할 수 있다.

주의 사항

시필지 분석은 단독으로 사용하기보다 다른 필적학적 요소(글씨 크기, 간격, 기울기 등)와 함께 종합적으로 해석해야 한다. 개인의 문화적 배경, 글 쓰는 도구, 상황 등도 고려해야 한다.

결론

시필지를 설계하고 분석하는 방법은 글씨의 시작점을 세부적으로 관찰하고, 그 특징을 해석하는 것이다. 시필지의 위치, 강도, 형태, 길이, 방향, 일관성 등을 종합하여 개인의 성격과 심리 상태를 파악할 수 있다. 이를 통해 더 깊이 있는 필적학적 분석이 가능하다.

다음 네모 칸 안에 서명하도록 한다.

앞장

이곳에 서명해 보세요.

상기 서명을 싸인 분석 연구소에서
제시한 지침대로 분석하시오.

님이라는 글자에 점 하나만 찍으면 남이 되는 인생사.
무궁화 꽃이 피었습니다. 낙엽이 우수수 떨어졌다.
스스로 해결하세요. 깎아지른 듯 가파르다. 나 찾아봐.
빠르게 쫓아가라. 많고 많은 사람 중에 하필이면 너. 초승달, 보름달.
왕왕 잊혀지네. 국민 떡볶이로 하하 호호 웃는다. 그믐달, 마음만 급해.
Tea time, greeting, Coffee, Beta, Rich, Poor, mammy, anyway, sun, moon, opera.

뒷장

상기 글을 이곳에 그대로 옮겨 적어보세요.
잘 쓰려고 하지 말고 평소 글씨로 써보세요.

상기 시필지는 서명과 손 글씨를 받기 위한 템플릿 형태다. 제대로 판단하려면 A4 용지 3장 정도를 쓰도록 하는 것이 원칙이지만 성인이 작성하기에는 무리가 있어 위 내용으로 간단하게 작성하도록 한다. 앞장에는 서명을 한다. 위 내용은 상황에 따라 바뀔 수 있다. 상기 내용을 해석해 줄 때 경험으로 보면 상당히 잘 맞춘다는 칭찬을 듣게 된다.

서명이나 손 글씨를 유도할 때 준비물

볼펜(연필은 약해서 비추천), 줄 없는 노트 또는 A4 용지, 3장 이상의 받쳐 쓸 여분의
종이

이 책에 다 수록하지 못한 내용은 2권으로 이어진다. 2권에서는 부자 글씨체와 공부
잘하는 글씨체, 서명과 손 글씨를 해체하여 분석하는 과정 등 많은 내용을 수록할 예
정이다.

이 책을 마치며

이 책을 읽어 주신 여러분께 진심으로 감사드립니다. 이 여정은 다소 복잡하고 도전적인 길이지만, 여러분과 함께 이 길을 걸을 수 있다니 매우 기쁩니다. 서명 분석이라는 주제는 단순한 기술적 접근을 넘어, 사람의 심리와 인생에 관한 이해를 깊이 있게 탐구하는 여정을 제공합니다.

이 책이 여러분에게 서명 필적 분석의 매력을 알리고, 그 과정을 통해 타인의 심리를 이해할 수 있는 새로운 시각을 선사했기를 바랍니다. 손 글씨 분석은 단순한 글씨체의 패턴을 분석하는 작업이 아니라, 누군가의 감정을 읽고 그들의 세계를 이해하는 중요한 열쇠가 될 수 있습니다. 이 과정을 통해 우리는 서로를 더욱 깊이 이해하고 연결될 수 있습니다.

책을 쓰면서 저는 개인적으로 많은 깨달음을 얻었습니다. 사람의 글씨 속에 담긴 이야기를 탐구하는 과정은 주체적으로 자신을 돌아보는 기회가 되었으며, 우리 인간의 복잡한 정서를 이해하는 데 많은 도움이 되었습니다. 이러한 통찰을 여러분과 나누게 되어 정말 행복합니다.

마지막으로, 여러분이 이 책을 읽으며 스스로 내면을 돌아보고, 특히 서명과 심리의 관계에 관한 깊은 이해를 얻게 되길 바랍니다. 손 글씨가 여러분의 인생에서 단순한 기록의 수단이 아니라, 자신의 감정과 생각을 표현하고 타인을 이해하는 중요한 도구로 자리 잡기를 진심으로 바랍니다.

앞으로도 여러분이 각자의 삶 속에서 꿈과 목표를 향해 나아가기를 응원합니다. 우리는 각자의 길을 가고 있지만, 서로의 경험을 나누며 함께 성장할 수 있다는 것에 큰 의미가 있습니다. 다음 책에서 다시 만나기를 기대하며, 건강과 행복이 가득한 나날을 보내시길 바랍니다.

감사합니다.

-서명 필적 칼리지-
싸인 분석 연구소장 홍진석 올림

참고 문헌 및 단체

- 두즈쥔, 「The Importance of Handwriting Experience on the Development of the Literate Brain」, 2017.6
- 한상덕·한승희·정양권, 「한글에 대한 필적분석과 성격유형과의 관계성에 대한 연구」, 2013
- 이희일, 「영문 필적학의 분석 방법과 한글 필적학의 적용 방안에 관한 고찰」, 2016
- 윤지연, 「필적을 통한 메모리얼아이덴티티 디자인」, 이화여자대학교, 2018
- 한상덕·정양권·최재호, 「감광성 수지로 제작된 위조 인영의 특성에 관한 연구」, 동신대학교, 2012.12.10
- 이영철, 「眞卿 碑誌에 나타난 人品과 思想」, 2019
- 배보은, 「문자론 용어와 문자 분류 체계에 관한 연구」, 2013
- 大隅紀和, 「一 少女の 6 年間の 短 い 日記 文章 に 見 ら れ る 手書 き漢字の 分析」, 1991
- Karin H. James, 「The Importance of Handwriting Experience on the Development of the Literate Brain」, 2017
- C Kishor Kumar Reddy, 「GLOBAL JOURNAL OF ENGINEERING SCIENCE AND RESEARCHES DETECTING PERSONALITY USING HANDWRITING」, 2019
- ZiqianChen, 「Marie-Luce Bourguet. GentianeVenture. A Rendering Model for Emotional In-air Handwriting」, 2018
- Marie Anne Nauer, 「Who are you. Identität im Spiegel der Handschrift. Beiträge zur psychoanalytischen Graphologie」, 2013
- Michelle Sardin, 「La graphologie」, 2010
- La graphologie, 「La graphologie」, 1953
- Laurens Schlicht, 「Graphology in Germany in the 1920s and 1930s」, 2020
- B. Thiry, 「Graphologie et personnalité selon le modèle en cinq facteurs」, 2008

- 藤本蓮風, 『필적을 본다. 마음의 주름』, 2019
- 線本 寬, 『신 필적 감정』, 2015
- 비지신리펜시, 『필기의 심리분석』, 2010
- 한자필기분석 https://www.jaenung.net/tree/5288

- International Graphology Association(IGA) https://www.igaworld.com
- British Institute of Graphologists https://www.britishgraphology.org
- American Handwriting Analysis Foundation(AHAF)
  https://www.handwritingfoundation.org
- The Graphology Society https://www.graphology-society.com
- Handwriting University https://www.handwritinguniversity.com
- The International School of Handwriting Analysis
  https://www.handwritinganalysts.com
- GraphoTherapy https://www.graphotherapy.com
- The British Academy of Graphology https://www.britishacademyofgraphology.com
- The Graphology Association https://www.graphologyassociation.org
- Handwriting Research Corporation https://www.handwritingresearch.com
- The Society of Graphologists https://www.societyofgraphologists.org
- Graphology World https://www.graphologyworld.com
- The Handwriting Analysis Learning Center
  https://www.handwritinganalysislearningcenter.com
- The International Association of Document Examiners https://www.iade.org
- The National Association of Document Examiners https://www.nade.org

국제필적학공식콜로키움(IGC)

- 벨기에 https://www.graphobel.be/
- 프랑스 https://www.sgpf.asso.fr/ https://www.graphologie.asso.fr/
- 독일 http://graphologie.de/inhalt.html
- 이탈리아(우르비노) https://www.grafologia.it/ https://arigraf.it/
- 네덜란드 https://www.grafologie.nl/
- 스페인(바르셀로나) https://whatsappespiarapp.com/
  　　　　　　　https://www.asociaciongrafopsicologica.com/
- 스위스 https://www.sgg-graphologie.ch/

추가 정보를 얻는 플랫폼

| 유튜브 | 블로그 | 인스타그램 | 페이스북 |

- 유튜브: 싸인 분석 http://youtube.com/@싸인분석
- 블로그: 싸인 분석 연구소 https://blog.naver.com/wellup73/223682809981
- 인스타그램: http://instagram.com/illyussain100
- 페이스북: http://www.facebook.com/profile.php?id=100073027488144

서명 필적에 관해 공부하고 싶은 분들을 위한 소식
자신의 가치를 높이고 타인을 바람직한 사람으로 안내할 수 있는 프로그램

1. 싸인 분석 전문가 과정: 서명과 필적 분석의 기본적인 이해와 서명 분석 능력 확보
2. 싸인 분석 지도자 과정: 전문가를 지도할 수 있는 역량과 서명 제작의 심층 스킬 확보
3. 싸인 분석 수퍼 비전 과정: 지도자를 지도할 수 있는 최고 과정의 수퍼바이저

♠ 필적 진단사 ♠

필적 진단사·서명 진단사 각 전문가·지도자 과정 Diploma가 여러분을 기다립니다. 나에게 최적화된 맞춤 서명을 원하시면 35년간 외길을 걸어온 서명 전문 프로 파일러의 도움을 받아보세요.

이메일과 부담 없는 전화번호로 문의해 주시기 바랍니다.
이메일 wellup73@naver.com / 전화번호 010-9211-1600
싸인 분석 연구소장 홍진석입니다. 강의 중일 수 있으니 문자 남겨주시면 바로 연락드립니다.

싸인 분석 연구소는 여러분이 세상을 살아가는 데 있어 가장 유리한 위치로 자리매김할 수 있도록 지원하는 일을 모토로 합니다. 감사합니다.